FRENTE A FRENTE

El apadrinamiento de A.A. en acción

UNA RELACIÓN PERSONAL

El apadrinamiento de A.A. en acción

AAGRAPEVINE,Inc.

New York, New York

WWW.AAGRAPEVINE.ORG

Preámbulo de A.A.

Alcohólicos Anónimos es una comunidad de hombres y mujeres
que comparten mutuamente sus experiencias, fortalezas y
esperanzas para resolver su problema común y ayudar a otros a
recuperarse del alcoholismo.

El único requisito para ser miembro de A.A. es el deseo de
dejar de beber. No es necesario pagar honorarios ni cuotas para
ser miembro de A.A.; nos mantenemos con nuestras propias
contribuciones. A.A. no está afiliada a ningún partido político,
secta, religión, organización o institución; no desea intervenir en
controversias; no respalda ni se opone a ninguna causa.

Nuestro objetivo primordial es mantenernos sobrios y ayudar a
otros alcohólicos a alcanzar el estado de sobriedad.

©AA Grapevine, Inc.

ÍNDICE

CAPÍTULO UNO
NO PODRÍA HACERLO SOLO

Los miembros de A.A. comentan cómo definen el apadrinamiento

CAPÍTULO DOS
LA DISCIPLINA ME SALVÓ LA VIDA

Seguir las recomendaciones de un padrino propició la recuperación y el crecimiento

CAPÍTULO TRES
NO HAY JEFES

Encontrar nuestra propia forma de apadrinar y ser apadrinados

CAPÍTULO CUATRO
SOLO TIENES QUE PEDIRLO
Cómo superar el miedo inicial de buscar un padrino o de empezar a apadrinar

CAPÍTULO CINCO
IR AL EXTREMO
Aceptar apadrinando a recién llegados conflictivos o con problemas mentales

CAPÍTULO SEIS
SIN GARANTÍAS
El dolor de perder a un padrino o un apadrinado muy queridos

CAPÍTULO SIETE
REFUGIO
La recuperación, con la ayuda de padrinos tanto dentro como fuera de los muros de la prisión

CAPÍTULO OCHO
¿NADA EN COMÚN?
*Viejos y jóvenes, homosexuales y heterosexuales... las personas más
dispares se vinculan como padrino y apadrinado*

CAPÍTULO NUEVE
COMENZAR CADA DÍA CON UN MILAGRO
*Estos alcohólicos desesperados nunca pensaron que A.A. funcionaría para
ellos. Pero, trabajando con sus padrinos, superaron sus limitaciones
y empezaron a recuperarse.*

CAPÍTULO DIEZ
ABRAZO GRUPAL
Cuando el apadrinamiento se convierte en un esfuerzo de equipo

BIENVENIDA

Fue en la mesa de la cocina de Bill W. que él y Ebby T. sellaron la primera relación apadrinado/padrino. "Había venido para pasarme su experiencia — si yo quería aceptarla", escribe Bill en su historia, el primer capítulo del Libro Grande. "Me sentía asustado pero a la vez interesado. Tenía que estarlo, puesto que no había más remedio para mí".

Ebby T., un ex compañero de estudios y ocasional compañero de tragos, se había mantenido sobrio gracias al Grupo Oxford, y se le había asignado la misión de difundir el mensaje de esperanza a otras personas. Pero Ebby no le transmitió a Bill un simple mensaje de compasión ante su sufrimiento. Le dijo a Bill que si quería mejorar su situación, tenía que cambiar. Ebby empezó a trabajar con Bill para ayudarlo a enmendar errores y modificar ciertos aspectos negativos de su carácter. Así lo explica Bill: "...lo puse al tanto de mis problemas y mis deficiencias. Hicimos una lista de las personas a quienes había dañado o contra las que tenía resentimientos. Yo expresé mi completa disposición para acercarme a estas personas, admitiendo mis errores. Nunca debería criticarlas. Repararía esos daños lo mejor que pudiese".

Bill continúa: "Mi amigo había hecho hincapié en la absoluta necesidad de demostrar estos principios en todos los actos de mi vida. Era particularmente imperioso trabajar con otros, tal como él lo había hecho conmigo".

Ese mensaje condujo a Bill al Dr. Bob, y ambos se convirtieron en padrino y apadrinado. Cuando el programa de A.A. se amplió y sus fundadores comenzaron a trabajar con otras personas, la llama del apadrinamiento se propagó, y hoy sigue viva.

"En A.A., el padrino y el apadrinado se encuentran como iguales, como lo hicieron Bill y el Dr. Bob", dice el folleto de A.A. Preguntas y respuestas sobre el apadrinamiento. "Básicamente el proceso de apadrinamiento es el siguiente: un alcohólico que ha hecho algunos

XII

avances en el programa de recuperación, comparte esa experiencia en forma continua y personal con otro alcohólico que está esforzándose por alcanzar o mantener la sobriedad por medio de A.A.". En este libro, los miembros describen la dicha y los desafíos del apadrinamiento, las diversas maneras de ejercerlo, y la vital importancia que le asignamos no solo a mantenernos sobrios sino a tener una vida feliz. Se lee en el folleto Preguntas y Respuestas sobre el Apadrinamiento: "Los alcohólicos que se han recuperado en A.A. quieren compartir lo que han aprendido con otros alcohólicos". "¡Sabemos por experiencia que nuestra sobriedad se fortalece mucho cuando la entregamos a otro!". No hay una forma correcta o incorrecta de apadrinar, solo sugerencias: cada padrino y apadrinado encuentran su propio camino.

NO PODRÍA HACERLO SOLO
Los miembros de A.A. comentan cómo definen el apadrinamiento

" El apadrinamiento es un puente para confiar en la raza humana, esa misma a la que una vez renunciamos. Al aprender a confiar fortalecemos nuestra sobriedad", escribe el autor de "Un medio para comenzar". "La única función (y la única especialidad) de un padrino es ayudar a otros alcohólicos a no tomar ese primer trago, transmitiendo este programa a otros, tal como se le transmitió a él para mantenerse sobrio", agrega el autor de "Cómo elegir un padrino". "El único requisito es su propia experiencia de aprender a mantenerse y a vivir sobrio". En las historias que se incluyen a continuación, A.A. cuentan cómo ven y experimentan el apadrinamiento.

¿Tienes un padrino?

Enero de 1975

¿Qué se puede hacer por el alcohólico recién llegado a A.A., que ha sufrido una sucesión de experiencias traumáticas, un fracaso tras otro, y está desesperado por reconstruir su vida, pero no puede hacerlo solo? ¿Cómo se le puede infundir esperanza para reemplazar su desesperación? ¿Cómo puede un alcohólico en recuperación encontrar serenidad y algo que nunca antes había experimentado: paciencia? ¿Cómo puede alguien que ha fracasado repetidamente durante toda su vida convencerse de que su situación mejorará, especialmente cuando ni siquiera tendrá el control de su propia vida?

Al igual que todo lo demás en A.A., la respuesta es simple. La clave del éxito para que un alcohólico pueda restaurar una vida destrozada a nivel emocional, reside en el apadrinamiento de A.A. El apadrinamiento por su misma naturaleza exige absoluta honestidad y una comunicación visceral entre el padrino y el recién llegado.

Hablo basándome en mis observaciones, pero principalmente en mi propia experiencia. Creo sinceramente que la voluntad de Dios se manifiesta a través de mi padrino. Agradezco a Dios que mi padrino haya intervenido en mi vida cuando empezaba a desviarme, especialmente cuando estaba haciendo algo que podía interferir con la forma de vida de otra persona. Me opuse con vehemencia a muchas de estas intervenciones hasta que acepté que estaba enfermo.

No podía hacerlo solo. En el pasado, seguí todas las recomendaciones de A.A., salvo buscar un padrino, y durante mucho tiempo estuve frustrado y desconcertado, preguntándome qué había salido mal.

Cuando tomaba, tenía un problema con la bebida que no podía controlar. Cuando dejé de beber, tuve un problema con la vida que no podía manejar; ni siquiera sabía por dónde empezar. Pero ahora empecé a caminar, y los pasos que doy se sienten mucho más seguros con la ayuda de mi padrino.

L. W.
Syracuse, Nueva York

Un medio para comenzar (Fragmento)
Febrero de 1984

Elegí un padrino que había estado sobrio por un tiempo prudencial (siete años) y predicaba con el ejemplo. Me dijo, "Sígueme, te mostraré cómo...". Descubrí que los padrinos son personas de mentes abiertas, que sugieren cosas a sus "apadrinados" o "pichones". Nos enseñan a través de su ejemplo. No son un medio para un fin, sino un intermediario para comenzar. Nos enseñan cómo ser parte de nuestra propia recuperación participando en la vida. Son un puente que nos conecta con otros miembros. Los padrinos nos muestran un panorama integral de A.A., más allá de las reuniones. Nos enseñan los Tres Legados. Sin duda, el primero es la Recuperación (los Doce Pasos); pero también tenemos que mantener una cohesión: Unidad, las Doce Tradiciones; y debemos transmitir el mensaje: el Tercer Legado, Servicio, siguiendo los Doce Conceptos.

Según el folleto de A.A. "Preguntas y respuestas sobre el apadrinamiento", "La experiencia demuestra claramente que los miembros que mejor aprovechan el programa de A.A., y los grupos que transmiten con mayor eficacia el mensaje de A.A. a los alcohólicos que aún sufren este flagelo, son aquellos para quienes el apadrinamiento es algo demasiado importante para dejarlo librado al azar".

El apadrinamiento es un puente para confiar en la raza humana, esa misma a la que una vez renunciamos. Al aprender a confiar, fortalecemos nuestra sobriedad. Y el beneficio es mutuo. El Libro Grande lo explica muy bien: "La experiencia práctica demuestra que no hay mejor garantía para abstenerse de beber que el trabajo intensivo con otros alcohólicos". O, para citar a un amigo que durante mucho tiempo fue miembro de A.A.: "No es necio aquel que da lo que no puede retener para ganar lo que no puede perder".

M. S.
Grand Island, Nebraska

Cómo elegir un padrino
Mayo de 2003

Me llevó muchos años (y muchas recaídas) entender el valor del apadrinamiento. Tuve que aprender de la manera más difícil que la palabra "Yo" no existe en los Doce Pasos de Alcohólicos Anónimos. Durante muchos años, fui mi propia madrina y obtuve los resultados previsibles: varias recaídas, una gran frustración y una profunda sensación de fracaso. No encontré la felicidad, la sensación de tener un propósito ni la dicha de la que oí hablar a otros miembros de Alcohólicos Anónimos hasta que me entregué, y mis madrinas y yo comenzamos a recorrer este camino juntas.

A menudo, los recién llegados me preguntan cómo elegir un padrino. Al mirar atrás, me doy cuenta de que quizá pasaba más tiempo escogiendo un vestido o un CD de lo que me llevó elegir a la persona que me ayudaría a encarar la tarea más importante de mi vida: vivir sobria día a día.

Actualmente, soy muy afortunada de contar con dos maravillosas madrinas, dos A.A. íntegras, verdaderos regalos de Dios, que se presentaron cuando estuve dispuesta a recibir la enseñanza. A partir de sus ejemplos, esto es lo que aprendí sobre lo que son y lo que no son los padrinos.

Qué no son los padrinos:

Los padrinos no son consejeros académicos ni matrimoniales, abogados, como tampoco médicos. (He visto resultados trágicos de padrinos bien intencionados que aconsejaron a sus apadrinados dejar de tomar la medicación sin el consentimiento de su médico tratante). Los padrinos no son banqueros, compañías hipotecarias ni ninguna otra institución financiera. No son niñeras, los mejores amigos ni predicadores. Tampoco son dictadores ni sargentos instructores. Los padrinos no son Dios. Entonces, se preguntarán, ¿qué hacen los padrinos?

Cuando le pregunté esto a mi madrina, ella me sugirió que leyera el séptimo capítulo del Libro Grande, "Trabajando con los demás". La única función (y la única especialidad) de un padrino es ayudar a otros alcohólicos a no tomar ese primer trago, transmitiendo este programa a otros, tal como se le transmitió a él para mantenerse sobrio. El único requisito es su propia experiencia en aprender a mantenerse y a vivir sobrio, y el regalo que brinda el padrino es la esperanza, si es que a otro alcohólico le interesa escuchar, que él/ella podrían hacer lo mismo.

Con esto en mente, estas son otras preguntas que aprendí a considerar al elegir un padrino:

¿Realmente predica con el ejemplo o se limita a recitar la teoría? (Aprendo más de las demostraciones que de los sermones).

¿Realiza activamente tareas de servicio?

¿Habla a partir de su propia experiencia?

Cuando habla, ¿hace referencia al Libro Grande, a Doce Pasos y Doce Tradiciones, y a otra literatura de A.A.?

Y lo que es más importante, ¿es feliz al estar sobrio? Pasé años en la triste oscuridad del alcoholismo. Cuando crucé la puerta de A.A., no sabía lo que era la verdadera felicidad. Necesitaba que alguien me enseñara, con su ejemplo, cómo vivir en paz, con alegría y prestando servicio en este mundo a través de los Pasos y la hermandad de este programa. Creo que la felicidad y la alegría son el resultado de dar los Pasos y realizar la acción correcta siguiente. No puedo poner en práctica esto ni ninguna parte del programa sola, y hoy,

gracias a mi entendimiento de Dios, al programa de Alcohólicos
Anónimos, y a mis madrinas, ya no tendré que hacerlo.

RITA H.

Greensboro, Carolina del Norte

El padrino silencioso (Fragmento)

Diciembre de 1964

He oído a algunos miembros de A.A. decir que pudieron
seguir el programa sin sentir la necesidad de un padrino.
Otros aseguran que nunca actuaron como padrinos, aunque
admiten haber participado de otras maneras. Estas afirmaciones
son honestas y representan el consenso mayoritario de A.A., que
han podido alcanzar la sobriedad ya sea sin haber elegido un padrino o sin haber actuado como tal (o ninguna de las dos cosas)
en forma consciente. Sin embargo, creo que el apadrinamiento
también puede ser un fenómeno tácito, un resultado natural de
la necesidad de orientación del recién llegado y del sentido de
responsabilidad hacia éste del miembro más antiguo.

Un recién llegado casi siempre encontrará al menos un miembro más antiguo que le agrade, a quien admire o respete. Lo es-
cuchará, analizará con él sus problemas y hasta tratará de imi-
tarlo. En esos momentos tiene lugar el apadrinamiento sin que
se mencione la palabra padrino. En muchos casos, es posible que
el nuevo miembro ni siquiera sepa lo que significa la palabra, si
es que acaso la ha escuchado alguna vez, hasta que alcanza el
punto de su recuperación donde realmente ya no necesita un
padrino en el sentido académico.

Creo que nunca debemos insistir en un apadrinamiento formal. Si un recién llegado aprende a confiar excesivamente en
algún miembro puede formarse una visión muy parcial, o de-
pender exageradamente de su padrino. Como yo lo veo, una
orientación adecuada en A.A. debe provenir de un grupo, no de

una persona; el recién llegado se engaña a sí mismo si permite que algún miembro domine su pensamiento. Un recién llegado debe aprender a valerse por sí mismo y finalmente ocupar su lugar en el grupo, independiente de cualquier influencia externa, a excepción del Poder Superior.

J. S. C.
New Hartford, Nueva York

El programa de padrino canadiense (Fragmento)
Febrero de 1953

A mi entender, la responsabilidad más importante que tiene el padrino con el miembro nuevo es dar el ejemplo.

No tiene sentido ir de acá para allá predicando "sin prisa pero sin pausa".

No tiene sentido que refleje intolerancia cada expresión que usemos para abogar por una mente abierta.

No tiene sentido tratar de demostrar los beneficios del programa de veinticuatro horas mientras presumimos de nuestros planes para los próximos años.

No tiene sentido que el padrino describa al recién llegado las bondades de ser feliz estando sobrio mientras él, el padrino, atraviesa una "borrachera seca" (estado de malestar aunque no se beba).

El ejemplo es la fuerza más poderosa del hombre, ya sea para hacer el bien o el mal. Para mí, las deudas más difíciles de pagar son las que tengo con aquellos que perjudiqué con mi mal ejemplo; por eso creo que mi mayor responsabilidad ante quienes Dios me ha concedido la gracia de apadrinar, y ante A.A. en su conjunto, es el buen ejemplo que pueda dar al aplicar los principios de los Doce Pasos en todos mis asuntos.

G. K.
Kirkland Lake, Ontario

Un padrino es ... (Fragmento)

Agosto de 1985

L a clase de pregunta que me gusta oírle a un recién llegado es, "¿Qué es un padrino?". Eso demuestra que ha prestado atención, y me complace responder. Tengo la secreta esperanza de que piense que ya sabe la respuesta y haya sacado el tema para averiguar si estoy dispuesto a apadrinarlo.

Mi padrino lo explica muy bien. Según su definición, un padrino es "Una persona en cuyas opiniones has aprendido a confiar; alguien cuyo consejo ya sabes que vas a seguir antes de acercarte a plantear el problema".

Fue un voluntario que guiaba en el Paso Doce, más que un padrino, quien por primera vez me llevó a A.A., desde un consultorio psiquiátrico. Yo no me consideraba "uno de esos alcohólicos". Aun si lo fuera, obviamente era demasiado inteligente como para necesitar un padrino. Además, no tenía la menor intención de seguir en A.A.; solo había ido a echar un vistazo para darle el gusto a mi psiquiatra. Había descubierto que la felicidad en un consultorio psiquiátrico consistía en dejar contento al psiquiatra.

No le pedí a nadie que me apadrinara hasta que el grupo compuesto solo de hombres empezó a criticarme porque me creía demasiado culto como para necesitar uno. Desde entonces, he tenido experiencias maravillosas como padrino y como apadrinado. No sé cuál de esas experiencias fue más valiosa, y no tengo la menor intención de renunciar a ninguna.

¿Quién debería tener un padrino? Nuestro grupo piensa que todos. Dado que todos somos iguales, ¿cómo podría ser de otra manera? Si bien es lógico que quienes recién inician el programa requieren un contacto más frecuente con sus padrinos que las personas con varios años de sobriedad feliz, todos necesitamos un confidente.

Como el Libro Grande no tiene un capítulo sobre el protocolo del apadrinamiento, vamos tomando ideas en la marcha. Las consideraciones más importantes sobre los padrinos son las siguientes: tener uno, usar uno y, cuando se le solicite, aceptar serlo. No hay una sola respuesta "correcta" a la pregunta: "¿Qué es un padrino?". Pero una respuesta absolutamente apropiada a la pregunta: "¿Aceptas ser mi padrino?", es, "Claro que sí. Tomemos un café y hablémoslo".

P. O.
Claremont, California

El apadrinamiento (Fragmento)
Febrero de 1955

Todos conocemos a personas que miden su éxito en A.A. según la cantidad de apadrinados que "cumplen" el programa. Algunas consideran un fracaso de su parte el hecho de que alguien a quien hayan contactado o apadrinado no logre mantenerse sobrio. En lo que concierne a mi propio éxito o fracaso en este programa, poco importa si mi "chico(a)" cumple el programa o no. Naturalmente, me gusta ver que lo cumple por su propio bien, pero lo importante para mí es que lo intenté. Traté de "llevar el mensaje" y traté de brindar lo que se me brindó a mí.

Es muy posible que yo no sea la persona más adecuada para apadrinar a un recién llegado. Puede que yo no sea apto por mi personalidad, por mi educación (o falta de educación) o por mi profesión. Por las mismas razones puedo ser el más indicado para apadrinar a otra persona. Creo que cuanto más tengamos en común con un posible miembro, más podremos ayudarlo como padrinos.

Por la naturaleza misma de un alcohólico, el método que se use para convencer a una persona de que A.A. es la solución a su problema no necesariamente funcionará con otra persona. Muchos integrantes de A.A. usan el mismo método con todos los hipotéticos recién llegados que ellos contactan, cuando en realidad deberíamos adaptar nuestro enfoque a la personalidad del individuo con el que estemos trabajando.

R. L. O.
Lawton, Oklahoma

Reunión cerrada
Julio de 1961

"Si uno viaja al extranjero", dijo uno de nuestros miembros más antiguos, "necesita un mapa y un guía". Para nosotros, en el terreno desconocido de vivir sobrios, el programa es nuestro mapa y el padrino es nuestro guía. Nuestro padrino puede ayudarnos a entender el programa y a trabajar con él, y es la persona indicada con quien transitar el Quinto Paso cuando estemos listos para hacerlo"

ANÓNIMO
New York City, Nueva York

Mi madrina, mi amiga
Agosto de 1982

Cuando llegué a A.A., me dijeron que buscara un padrino o una madrina. La sola palabra ya me confundía, pero empecé a buscar. Una noche, en una reunión, oí hablar a una chica. Parecía tan agradable y su historia era tan similar a la mía que de inmediato le pedí que fuera mi madrina.

Con el tiempo, entablamos una estrecha amistad, pero no sentía que me estuviera ayudando. Aunque la quería mucho como amiga, ella siempre parecía querer controlarme y controlar mi vida, cuando lo único que yo buscaba era consejo. Cada vez que estábamos juntas y ella me preguntaba de qué se trataba el Primer Paso o mencionaba cualquier cosa relacionada con A.A., yo cambiaba de tema. Se podría decir que me escapaba. Esta situación siguió por varios meses, y yo no dejaba de pensar que tenía que conseguir otra madrina (o padrino). Una noche, decidí decírselo. ¿Saben cuál fue el resultado de nuestra charla? Nos acercamos más que nunca, como madrina y amadrinada. Descubrí por qué ella no era la madrina indicada para mí. El problema no era necesariamente ella, sino yo.

Yo había levantado entre nosotras una pared que no podía atravesar. Me di cuenta de que al parecer nos estábamos alejando porque yo no me abría. ¿Cómo se supone que me ayude una madrina si no le muestro quién soy y dónde estoy parada? Tenía miedo de que me juzgara si la dejaba verme, y no quería eso, quería que todos creyeran que estaba bien. Quería estar en el mismo nivel del programa que todos los demás, y no donde realmente estaba. Esa noche, me abrí y le confesé que yo no estaba donde fingía estar.

Estoy enferma, pero estoy mejorando de a poco. Ahora siento que puedo hablar con mi madrina, no de la boca para afuera, sino desde el corazón. Duele mucho dejar que la gente sepa que no estás tan bien como desearías, pero quiero recuperarme, y escapar de mi situación no me va a ayudar. Así que ahora estoy trabajando con la ayuda de mi madrina.

S. D.
Chicago, Illinois

Más preguntas que respuestas
Marzo de 1989

Anoche en una de mis reuniones favoritas, una amiga me llevó aparte para pedirme ayuda con una recién llegada que estaba amadrinando. Ella necesitaba hablar, y yo necesitaba poder

decirle: "¿Quién podría decir que lo sabe todo acerca del apadrinamiento? **Aun** si había pasado horas, días, meses y años trabajando con recién llegados a la Hermandad"

El apadrinamiento y el servicio son, sin duda, la base de mi sobriedad y de mi felicidad. Al prestar servicio estoy muy consciente
de que cuanto más aprendo, tanto más hay por aprender. Pero
hasta hace unos meses, creía que estaba llena de buenas ideas
(definitivamente, puras opiniones) sobre el apadrinamiento. Después de todo, me había pasado varias horas por día amadrinando
a unas cuantas mujeres y, como mi esfuerzo había sido corona-
do con algunos logros, pensaba que sabía algo. En mis mejores
momentos, trabajar con recién llegadas era simplemente la tarea
que hacía a diario, según mi entendimiento de Dios. Como hasta
el momento nunca le había preguntado a nadie "¿Quieres ser mi
"pichona"?, supuse que las personas que se cruzaban en mi vida
eran aquellas con las que Dios quería que trabajara, y que ayudara
de la mejor manera posible, con el enorme apoyo de la Hermandad. Debido a que todos los días les entregaba mis pichonas a
Dios, simplemente trataba de servir de todas las maneras posibles, ya sea por teléfono, en una reunión, o bien yendo a almorzar
o a tomar un café. Mi labor más importante como madrina era
hacerme presente y después soltar las riendas y dejar todo en manos de Dios.

Como sentía que algunas relaciones eran más fáciles —mejores, más sencillas y más gratificantes para mí— asumía que di-
chas relaciones eran aquellas en las que cumplía mejor la misión
que Dios me había encomendado. Si alguna vez tenía que dejar
de lado a algunas pichonas, estas relaciones fáciles serían las que
conservaría; porque, a veces, las otras me volvían loca.

Eso fue hace unos meses. Entonces, como dice en "Doce Pasos
y Doce Tradiciones", la vida nos expone a experiencias difíciles de
digerir. Al volver de mi luna de miel, recibí una llamada en la que
me comunicaban el suicidio de una de mis pichonas más queri-
das. Ni siquiera puedo escribirlo sin llorar; en muchos momentos

el dolor y las pérdidas superan nuestra capacidad de aceptación. Muchas veces me pregunté: "¿Por qué? ¿Por qué no le di el teléfono dónde ubicarme fuera de la ciudad? ¿Por qué no tuvimos una conversación más?". La última vez que la vi fue en mi boda; se reía y parecía feliz, estaba sonriente. Amadrinarla fue un verdadero placer; nunca intercambiamos palabras duras. Ella siempre terminaba las conversaciones con un "te quiero"; nunca lo puse en duda. Era una de las personas más fáciles de amar incondicionalmente que jamás haya conocido.

"No te atribuyas el mérito de tus éxitos ni la culpa de tus fracasos", dice la sabiduría ancestral. Así lo creo; sin embargo, siento que le fallé a ella, a la Hermandad y a lo que yo entiendo por Dios. Pero, ¿qué tan limitada es mi propia sabiduría?

Ayer, me habló por teléfono otra de mis pichonas. La noche anterior le había dado un medallón por tres años de sobriedad. Me dijo sin preámbulos.

"Ya sabes, creo que hemos tenido la relación perfecta de madrina y pichona". Me quedé realmente sorprendida: discutíamos a menudo, se había rebelado contra todas las sugerencias del programa, se había negado a ir a las reuniones y, en mi opinión, había tenido borracheras secas de varios meses. Era verdad que en los últimos meses había empezado a trabajar los Pasos y a asumir alguna responsabilidad por sus acciones y su sobriedad. Quizá sí era la relación ideal porque ambas seguimos estando sobrias y porque no me rendí (como pretendí tantas veces) ni le dije a Dios que esta era una misión que preferiría rechazar. Me parecía que todo lo que podía hacer era enfrentar el día a día, cada uno en su momento.

Estoy en uno de esos momentos en que surgen más preguntas que respuestas. Sigo creyendo que cuando veo a las recién llegadas que amadrino ponerse en acción, asistir a las reuniones, trabajar con un grupo, ayudar a otros miembros de la Hermandad, ir a las reuniones de los Pasos, y empezar a establecerse en el programa, estoy haciendo más o menos lo que se supone que debo hacer como madrina. También sé que hay momentos en que me hacen feliz. Por ejemplo cuando una pichona me llama para contarme que va a amadrinar a alguien por primera vez o cuando se convierte en mi colega en la Hermandad y realiza el trabajo de A.A. Cuando una pichona sube al estrado y dice lo contenta que está de haber completado su primer año y poder prestar servicio a la Hermandad, siento que estoy en el camino correcto. Pero esas son las cosas que yo valoro. ¿Qué es lo que quiere Dios?

No hay duda de que tengo apadrinamientos complicados. Más allá de lo que les suceda a las personas que amadrino, trabajar con ellas me ha mantenido sobria, y estoy profundamente agradecida por eso. Sé que mientras Dios continúe poniendo personas en mi camino, seguiré siendo madrina. Que lo haga por un día o por años es simplemente Su voluntad, no la mía. Como ocurre con todos los regalos que he recibido en esta vida, a estas pichonas me las confió Dios a préstamo y pueden ser llamadas por Él o hacia Él en cualquier momento.

A. S.
Dorchester, Massachusetts

LA DISCIPLINA ME SALVÓ LA VIDA

Seguir las recomendaciones de un padrino propició la recuperación y el crecimiento

En la historia "Mucho más que 'Lo siento'", cuando un padrino le sugiere a un A.A. que compense a un cliente al que había perjudicado en el pasado ofreciéndole sus servicios sin cargo, el apadrinado responde, "Mmm... lo tengo que pensar". Pero cuando el apadrinado sigue la recomendación de su padrino, obtiene resultados positivos y comprende que eso era lo que debía hacer. En Mi buen padrino, un novato en problemas se ríe cuando su padrino le sugiere que prepare café. "Uno o dos años más tarde, con muchas más experiencias y borracheras a cuestas, ¡preparé el café! En ese momento no lo sabía, pero me había puesto en marcha", escribe el autor.

Las historias de este capítulo tratan de apadrinados que siguen las recomendaciones de sus padrinos. Sin embargo, algunos por propia voluntad y otros no tanto, ven los resultados.

Medidas disciplinarias
Noviembre de 2010

U na de las cosas más importantes que aprendí de mis padrinos fue la disciplina. Sin disciplina, volvería lenta pero inexorablemente a mis antiguos hábitos o me encontraría de repente atrapado en ese momento crítico de descuido del que a veces hablamos. No creo que el programa sea difícil de cumplir, a pesar de que no creía que funcionaría para mí, y al principio no me seducía trabajar en los Doce Pasos. Mi programa no exige tanto "trabajo" en este momento, pero sí exige una acción persistente de mi parte.

Mi primer día en A.A. busqué un padrino, y él me dijo que tenía que hacer cinco cosas todos los días. Las anoté en el interior de la portada del Libro Grande que acababa de comprar, y mantengo esta costumbre con las personas que apadrino.

Durante los años en que he estado en la Hermandad, noté mínimas variaciones sobre estas cosas. Según mi padrino, estas eran:

No bebas.

Reza al menos dos veces por día. (En la mañana pídele a Dios que te libre del deseo de beber, y en la noche agradecerle por mantenerte sobrio).

Asiste a una reunión de A.A.

Lee algún material de A.A.

Habla con otro alcohólico.

Ninguno de mis padrinos (he tenido tres en nueve años) me sugirió jamás interrumpir alguna de estas prácticas. Hasta el día de hoy, las sigo realizando con mínimas modificaciones. Digo la oración del Tercer Paso en la mañana y a veces solamente voy a cinco o seis reuniones por semana.

¿Realmente necesito asistir a tantas reuniones en este punto de mi sobriedad? Solo Dios lo sabe con certeza. De todos modos, me gusta ir casi siempre para ver si puedo serle útil a alguien. Esta pregunta me lleva a la historia que quería relatar. En 1982 era soldado de la caballería de los EE.UU. y estaba haciendo entrenamiento de campo en el desierto de Yakima. Realizaba operaciones aéreas para el ejército. Mi "oficina", cuando estaba en el campo, era un vehículo blindado M588 para transporte de tropas, y una noche me había quedado medio dormido a las dos o tres de la mañana mientras estaba de servicio asignado a monitorear el radio. No se escuchaba nada en el radio, y me moría de aburrimiento cuando noté que los generadores necesitaban combustible. Fui a la parte trasera del vehículo, tomé una lata de cinco galones de gasolina y me dirigí a la escotilla del comandante.

Al pasar por mi puesto de trabajo, tomé el casco de mi escritorio sin pensarlo y me lo puse. Me habían entrenado para hacerlo siempre que saliera al campo abierto. Seguí rumbo a la escotilla del comandante y empecé a subir por la escalerita que me llevaría afuera (trepando con una mano, mientras con la otra sostenía la lata). Llegué a la escotilla y sujeté la escalera en forma bastante precaria con la mano que llevaba la lata de gasolina. Subí un peldaño más por la escalera y abrí la escotilla con un brazo.

Las escotillas de los vehículos de tropas blindados tienen unos tres pies de diámetro, están hechas de acero macizo y se cierran mediante un dispositivo de resorte automático. Cuando empujé la escotilla hacia arriba no lo hice con suficiente fuerza. Recuerdo perfectamente que la escotilla hizo un ruido al tocar el cerrojo, pero no la oí trabarse.

Cuando me di cuenta, estaba sobre mi trasero al pie de la escalera con un terrible dolor de cabeza. Esa pieza de acero macizo me había golpeado de lleno con tremenda fuerza en la coronilla. Si no hubiera sido por mi "olla de acero", seguramente me habría partido el cráneo y habría muerto en el acto.

¿Qué me hizo tomar ese casco en el momento crucial que, de improviso, se convertiría en una cuestión de vida o muerte? Al igual que la mayoría de los soldados, yo tenía gran desdén por usar esas "ollas de acero". Pesaban unas ocho libras, eran incómodas y, en general, una molestia, así que nunca quería ponerme el casco. No estábamos en combate y nadie me iba a disparar, de modo que no creía que era necesario tenerlo puesto. Era de madrugada y no había nadie cerca. Todos los sargentos y oficiales estaban durmiendo, o sea que nadie me iba a regañar por no usarlo. Me lo puse sin pensar, simplemente porque así fui entrenado (o disciplinado). En esta ocasión al menos, esa disciplina me salvó la vida.

La disciplina se puede definir como hacer lo que es necesario, sin importar si uno quiere o cree que debe hacerlo. La disciplina está emparentada con la valentía, la cual consiste en aplicar la disciplina cuando uno siente miedo (pero eso es harina de otro costal).

¿Qué tiene que ver esto con estar sobrio? A veces no tengo ganas de ir a las reuniones o de hacer esas cinco cosas todos los días. Hay ocasiones en las que preferiría estar durmiendo en mi cama calentita y cómoda que hablando con alguien que está en problemas, o levantarme a las siete los domingos para desayunar con mi familia de A.A. Hay veces en las que, ciertamente, no me parece necesario hacer esas cinco cosas.

En conclusión, no sé en qué reunión o en qué ocasión el hacer esas cinco cosas literalmente me va a salvar la vida. Odiaría no haber hecho lo que necesitaba por falta de disciplina.

JOHNNY L.
Madison, Tennessee

Lo que usan las mujeres sobrias al acostarse
Junio de 1988

P asé mi primer día sin bebida ni drogas leyendo frenéticamente el Libro Grande, tratando de averiguar si era alcohólica. Le había implorado a mi marido que me lo dijera, pero él insistía en que era algo que debía descubrir por mí misma. Así que me alcanzó el pesado libro azul, me dijo que ahí encontraría la respuesta que buscaba, y se fue a trabajar. Leí todo el día, y esa noche asistí a mi primera reunión. Al segundo día, tenía la boca seca, pero no bebí y fui a una reunión.

Al tercer día, empecé a sentir mucha ansiedad, pero me contuve, fui a una reunión y me busqué una madrina.

Al cuarto día, también me contuve, fui a una reunión y llamé a mi madrina. Esa noche, mi marido me abrazó hasta que me quedé dormida.

Al quinto día, todo tenía gusto a metal y pensé que me iba a volver loca. Entonces, llamé a mi madrina y fui a una reunión. Cuando volví, mi marido me abrazó otro rato.

Al sexto día, me desmoroné, lloré incontrolablemente dos reuniones enteras y, por consejo de mi madrina, acepté ir a rehabilitación.

Aunque gran parte de esa noche sigue siendo una nebulosa, recuerdo haber sacado el cepillo de dientes del botiquín del baño y haberlo colocado en mi cartera. Luego fui a la habitación y tomé una camiseta manchada y deforme de un cajón.

"¿Y qué es eso?", preguntó mi madrina.

"¿Qué m... quieres decir?", respondí llena de miedo, dolor y furia. "Es mi camisón".

"Las mujeres sobrias no se ponen algo así al acostarse", dijo Jean. No estaba en condiciones de discutir. Dejé la camiseta en casa.

Cuando pregunté qué debía ponerme para dormir, Jean me dijo que no me preocupara por eso. Así que no me preocupé.

Esa noche dormí en ropa interior y con una bata de hospital. Me desperté a la mañana inmersa en el dolor, el miedo y la furia de la noche anterior. Una paciente me hizo una pregunta y le respondí con una grosería.

"Las mujeres sobrias no hablan así", me dijo.

"Púdrete", le dije. Y luego pensé en lo que acababa de enseñarme, y en lo que me había dicho mi madrina la noche anterior. Ambos mensajes tenían que ver con la forma en que se comportaban (o en mi caso no se comportaban) las mujeres sobrias. Y así fue como empecé a aprender cómo actúa, habla, piensa y se viste, una mujer sobria. Afortunadamente, no tuve que averiguar eso sola, porque a las reuniones nocturnas a las que voy asisten cientos de mujeres sobrias. Su ejemplo me enseñó.

Durante los últimos catorce meses de mi recuperación, aprendí mucho sobre cómo sobrevive una mujer sobria.

Ah, acerca de lo que usan las mujeres sobrias al acostarse, el primer día de rehabilitación, mi madrina me trajo un regalo con un envoltorio vistoso. Era un camisón de seda azul y una bata del mismo color. Aprendí que eso es lo que usan las mujeres sobrias al irse a dormir.

Meses después me di cuenta de que había aprendido algo aún más importante: el esfuerzo que hace una madrina para mostrarle a una mujer cómo estar sobria y transmitir el amor de la Hermandad de Alcohólicos Anónimos.

DODIE W.
Plainsboro, Nueva Jersey

Más allá de decir "Lo siento"
Septiembre de 2009

Acababa de salir de rehabilitación y empezaba a participar en reuniones A.A. de mi comunidad. Conseguí un padrino y le conté el desastre que había ocasionado en mi última borrachera. Trabajo como diseñador gráfico independiente y estaba en medio de varios proyectos para una agencia publicitaria. Era el Día de San Patricio y había decidido emborracharme, después de todo, soy estadounidense de origen irlandés.

Mi borrachera no se limitó al fin de semana, siguió durante otros cuatro o cinco días durante los que abandoné a mi esposa, a mi hija, mi casa y mi trabajo. Fui de un bar a otro hasta que no pude retirar más dinero del cajero automático. Al llegar a casa, me eché en la cama muy descompuesto. No paraba de escuchar llamadas de mi cliente en el contestador automático, en las que me imploraba que me comunicara con él. No lo hice. Tuve la sensatez de volver a rehabilitación con la ayuda y el apoyo de mi maravillosa esposa.

Le conté a mi padrino el problema que le había causado a mi cliente al evadir sus llamadas y los proyectos pendientes en los que estaba trabajando. Él me sugirió que resarciera al cliente. Le pregunté, "¿Cómo? ¿Entro en su oficina y me disculpo? No sé si pueda hacerlo".

Mi padrino dijo: "No, vas a hacer más que eso. Vas a entrar en su oficina, te vas a disculpar, y le vas a ofrecer tus servicios sin cargo hasta que repares el daño que le causaste".

Le contesté: "Mmm... lo tengo que pensar".

Un par de semanas más tarde, me vino a la cabeza la idea del resarcimiento cuando conducía a casa alrededor de las diez de la mañana. Me quedó cada vez más claro que este era el momento de entrar a esa oficina y hacer lo que tenía que hacer. ¡Ay, Dios!

Sentía pánico. ¿Qué pasa si se enoja conmigo? ¿Y si me echa de la oficina? ¿Qué pasa si...? Entonces me acordé de algo que me podía ayudar: rezar. Vivo en una comunidad de montaña, y cuando estaba conduciendo cuesta arriba por la carretera, aprecié unas vistas bellísimas por los acantilados. Me salí de la carretera en un desvío, bajé del auto y me arrodillé. Le pedí a mi Poder Superior que me ayudara y me librara del miedo. Le pedí que hiciera su voluntad, no la mía, y que hablara a través de mí cuando me disculpara. Terminé de rezar, me paré y me di vuelta. En la ladera de la montaña, el panorama era vasto y hermoso. Me sentía muy en paz. Realmente no sé si esa mañana tuve un despertar espiritual, pero lo que sí sé es que eso es lo que pareció.

Volví a subir al auto y me dirigí a la oficina de mi cliente, ahora un poco más tranquilo. Fui hasta la recepción, y la recepcionista me dijo: "Hola, Rick", como si me hubiera visto el día anterior. Me senté y tuve que esperar antes de entrar a la oficina del mandamás. Salió y dijo: "Hola, Rick. Adelante". Me senté en su oficina, me apresuré a pedirle una vez más a mi Poder Superior que me acompañara, respiré hondo y empecé a hablar.

Le dije al jefe que tenía un problema con el alcohol, que acababa de salir de rehabilitación y que estaba en proceso de recuperación. Le dije que estaba muy consciente de haber faltado a mis responsabilidades con él y con los proyectos, y que había puesto en riesgo la reputación de la empresa y su relación con los clientes. Le pedí disculpas. Él respondió: "Me alegra mucho que estés tomando el control de tu vida. ¿Cómo está tu familia?". ¡Vaya!, pensé. No está tan enfadado como creía. Luego le dije que necesitaba arreglar el caos que había ocasionado, y le ofrecí trabajar un par de días sin cargo. Durante unos segundos pareció que lo había tomado por sorpresa; luego dijo: "De acuerdo, si sientes que necesitas hacer eso". Así que eso fue exactamente lo que hice.

No me impulsaba ninguna otra motivación al compensarlo, ni se me había cruzado por la cabeza volver a trabajar para esa agencia. Pero ahora debo finalizar esta historia, porque tengo que volver a trabajar en un proyecto bastante grande para ese mismo cliente.

RICK M.
California

La razón por la cual funciona
Octubre de 2010

Debo admitir que la primera vez que vi nuestras Doce Tradiciones colgadas en la pared, pensé que eran un estatuto institucional tonto y aburrido. Yo era tan lista que me di cuenta de que no tenían nada que ver conmigo, y sabiendo eso, las ignoré tanto tiempo como pude. Eso fue hasta el día en que mi madrina, que me conocía bien, sugirió que leyera las Tradiciones con ella, como lo habíamos hecho con los Pasos. En ese momento me pareció una idea cursi, pero ella era mi madrina y no sabía que uno podía decirle que no a una madrina. (Aún no lo recomiendo). Juntas leímos cada una, estudiamos página tras página, buscando los principios espirituales y las aplicaciones prácticas.

Aunque en ese momento no comprendía la importancia que tendrían en mi vida ni cuánta sabiduría encerraban las palabras de cada página, hoy sé que ellas son "la razón por la cual A.A. funciona" y también son, cuando las pongo en práctica en mi vida, el pegamento que aglutina mis relaciones con los demás dentro y fuera de las salas de A.A.

Mi madrina me enseñó a conocer cada Tradición y descubrir cómo también se me aplicaba. Cuando me sentía atascada y no veía su trascendencia espiritual o su aplicación, me alentaba a ir más profundo. Me contó su propia experiencia sobre lo que le habían aportado las Tradiciones a su vida. En momentos en que yo enfrentaba dificultades financieras y deudas, y mi marido quería fijar un presupuesto, ella me habló de la libertad que sentiría si tuviera independencia económica.

Cada vez que estaba por volver a quejarme de mi marido o de mi suegra, me decía que no opinar sobre cuestiones externas me evitaría algunos resentimientos.

Me explicó que la prioridad debía ser el bienestar común de mi familia. Dijo que debía hacer mi parte y ser autónoma, y en esta autonomía hallaría serenidad. Dijo que todos, incluso yo, teníamos el derecho a equivocarnos.

Y me enseñó que mantener la boca cerrada sin fanfarronear era una excelente forma de practicar el anonimato, ya que solo si me veía en mi justa dimensión con humildad podría practicar los principios espirituales que había aprendido antes de que mi personalidad tomara el mando.

HEATHER L.
Oceanside, California

Mi buen padrino
Julio de 1973

Ocurrió hace unos trece años, pero recuerdo cada detalle como si hubiese pasado hace apenas un par de horas. Estaba en una estación de ferrocarril, mirando al otro lado de la calle, esperando que el dueño de una licorería abriera la tienda. Me temblaba el cuerpo, y tenía tan poco equilibrio que para caminar un paso tenía que darles una orden a los músculos (y eso que estaba sobrio). Pero había tomado aquel primer trago después de una abstinencia de seis meses, y ahora lo más importante en mi vida era conseguir una botella.

Aun a partir de un historial de adicción activa tan breve como el que escribí, se darán cuenta de que soy un tipo que no cree en las teorías de la "progresión" y del "primer trago". Pretendí ser parte de A.A. durante unos cuatro años hasta que me entregué a los hechos postulados de A.A. y acepté mi propia responsabilidad. Sí, me daba cuenta de que necesitaba estar y permanecer sobrio, y de que tenía que ir a A.A., pero quería que los miembros de A.A. aparecieran con "su" sobriedad y me la presentaran en algún tipo de bandeja sin dolor ni esfuerzo.

Había admitido y aceptado mi alcoholismo, pero no podía avanzar hasta la parte crucial de estar sobrio: ¡hacer algo al respecto!

Muchos alcohólicos que conocí en los últimos años conocen muy bien el alcoholismo. Muy pocos saben lo suficiente sobre la sobriedad. Cuando terminamos de debatir sobre la enfermedad del alcoholismo y sus desafortunadas víctimas, tenemos que aplicar un método eficaz de "amor duro". Pocas víctimas de esta enfermedad pueden esperar estar sobrias sin cambiar drásticamente la mayoría de los aspectos de su vida. Volver a ser aceptados por la familia, ser confiables en el trabajo e integrarnos en la sociedad, son nuestros objetivos en las primeras etapas de la sobriedad. No son fáciles de lograr, y es aquí donde la Hermandad puede ofrecer apoyo y aliento. Cada alcohólico en recuperación, durante los primeros intentos de sobriedad, en alguna que otra oportunidad se ha considerado un caso único. Ninguno de nosotros lo es. Cada uno de nosotros ha transitado este mismo camino rocoso. No estás solo, y si puedes ponerte en marcha, pero al mismo tiempo mantenerte lejos del asiento del conductor, puedes lograrlo.

Por mi parte creo firmemente que hay que tener un buen padrino. ¿Cómo se define a un buen padrino? Para mí, el valor de un padrino no puede medirse con algún tipo de escala de evaluación. Mi buen padrino era un tipo que podía comunicarse conmigo y que creía que algún día yo lograría comunicarme con él. A pesar de mi firme resistencia, me guió para que participara en el grupo. Me llevó a una visita de Paso Doce, y no saqué nada de la experiencia. Me sugirió que preparara café para la reunión grupal, y solté una carcajada.

Uno o dos años más tarde, con muchas más experiencias y borracheras a cuestas, ¡preparé el café! En ese momento no lo sabía, pero me había puesto en marcha. La gente hacía comentarios sobre mi habilidad o falta de habilidad con la cafetera. Mi ego se estaba inflando, y mi padrino observaba.

Después de alrededor de un año ininterrumpido de sobriedad, con el apoyo de mi padrino y del grupo, se me pidió que presidiera una reunión. El pedido llegó en un buen momento. Parecía que me estuvieran diciendo, "Joe, estamos orgullosos de ti, y este es nuestro voto de confianza". Claro, ya sé, podrían considerar que esto es orgullo de mi parte, y el orgullo puede ser perjudicial. ¡Para mí no lo fue! Me zambullí en la responsabilidad de ser secretario, y fue un regalo de Dios.

Mi padrino se hizo un poco a un lado entonces y, sentí, que secretamente sonreía. En realidad, sonreía por A.A., porque sin ellos, ambos podríamos haber seguido bebiendo, o haber muerto.

JOE H.
Rocky Hill, Connecticut

Cómo se recuperó mi madrina
Diciembre de 1982

En una reunión que se realizó hace poco, el tema fue la absoluta necesidad de los padrinos y madrinas. Uno tras otro, elocuentes miembros nos narraron sus experiencias con personas extraordinarias, capaces de leer la mente. Me dio la impresión de que los padrinos eran amados universalmente; nadie parecía tener ninguna queja.

Me asusta que se ponga a los padrinos en un pedestal, aun sabiendo que mis compañeros estaban compartiendo sus experiencias y que esos elogios eran sus percepciones de los padrinos. Mi experiencia fue un poco diferente.

Cuando entré por primera vez a estas salas, conocí a una mujer formidable a quien le pedí (temblando, llena de miedo e ignorancia) que fuera mi madrina. Era muy solicitada. Ella sabía exactamente lo que quería de mí. Me exigía que fuera a las reuniones. Me sugirió, clavándome una mirada penetrante, que asistiera a noventa reuniones en noventa días. Insistía en que la llamara todos los días. Y esperaba que yo no bebiera en absoluto, un día a la vez.

Pronto me di cuenta de que no me comprendía, de que yo tenía problemas especiales y era particularmente inteligente. Ella tampoco tenía sentido del humor, y entendí que debía reemplazarla.

Pero hice lo que me dijo: asistí al menos a una reunión diaria, y cada día me proponía no beber (por ese día). La llamaba todos los días y le hablaba hasta agotarla.

No sé cómo, pero este programa funciona. Ella mejoró. Se convirtió en la persona más paciente y más amable que haya conocido. Desarrolló la capacidad de interpretar los Pasos para mí, y se hizo adepta a aclarar los sentimientos de esta embrollada pelota de nervios que deseaba un trago (esa era yo). Siempre que la llamaba, me hacía sentir mejor, y esa habilidad me ayudó a tener algunos días felices de sobriedad. Y lo mejor de todo, este ángel adquirió sentido del humor.

Ambas nos mantuvimos sobrias. Y aunque no sé cómo es que funciona este programa, a ella le funciona (por supuesto, me lo debe todo a mí). Y, ciertamente, siempre amamos a las personas a quienes hemos ayudado, y yo la amo.

A. M.
White Plains, Nueva York

Delirantemente sobria (Tomado de Dear Grapevine)
Octubre de 2008

Había estado sobria durante seis años, sobria y loca como una cabra, con una borrachera seca y un alcoholismo sin tratar, cuando Jenn H. se convirtió en mi madrina. Nos reuníamos periódicamente y me leía el Libro Grande o lo leíamos juntas. Me lo explicaba, y finalmente sentía que estaba lista y dispuesta.

Me enseñó tanto y me dedicó tanto tiempo que para cuando llegamos al Capítulo Cinco, donde figura el Tercer Paso, yo estaba lista. Me dijo que empezara "inmediatamente" con el Cuarto Paso. Analizó todos los Pasos conmigo, teniendo a mano el Libro Grande. Gracias a la oración y a su guía, renací.

Desde entonces, he amadrinado exactamente del mismo modo. Este viernes escucharé el Cuarto Paso de boca de mi amadrinada. Gracias a Dios, a A.A., y a una excelente madrina, he estado sobria por catorce años.

KANDY K.
Clarksburg, Virginia del Oeste

CAPÍTULO TRES

NO HAY JEFES

Encontrar nuestra propia forma de apadrinar y ser apadrinados

Mientras que en el capítulo anterior se exploraban los beneficios de seguir indicaciones, especialmente para los nuevos miembros de A.A., en este capítulo los alcohólicos en recuperación adoptan otra perspectiva: la de la individualidad en el apadrinamiento, y se convierten no tanto en alguien que dicta reglas, sino más bien en una guía. Dice el autor de "Vivir y dejar vivir", "No existe ninguna sociedad sobre la tierra que ponga tanto énfasis como A.A. en el derecho de cada persona a pensar, decir y hacer lo que le plazca".

Y en "Qué es y qué no es un padrino", la autora escribe, "Hoy tengo una perspectiva más clara de lo que es y lo que no es mi rol como madrina. Es mantenerme sobria, estar dispuesta a escuchar, compartir mis ideas, orar por otros, y dejar que vivan su propia vida. No consiste en 'arreglar' a nadie, hacer que otros recuperen la sobriedad, hacerlos felices, exigirles que cumplan con las normas, o tomar decisiones por ellos". En las siguientes páginas, miembros de A.A. hablan de escuchar su corazón y no necesariamente dar o seguir instrucciones.

El apadrinamiento es un camino de ida y vuelta
Septiembre de 1988

L a primera vez que oí a alguien decir, "El apadrinamiento ayuda al padrino tanto como ayuda al recién llegado", sentí un profundo escepticismo. Me recordaba demasiado a lo que solía decir mi padre cuando me daba una paliza: "Esto me duele más a mí que a ti". Claro, por supuesto.

Hasta donde sabía, el apadrinamiento era otra forma de autoridad. Me gustaba y lo detestaba de ese modo. Quería que un padrino me brindara todas las respuestas "correctas" a mis problemas y a los problemas del mundo, pero me rebelaría contra él siempre que me diera un consejo no solicitado o no deseado.

Esa opinión determinó en gran medida el tipo de padrino en que me convertí durante mi segundo año. Yo era un padrino autoritario, pese a que durante mi octavo o noveno mes conocí a un sujeto cuyas palabras, acciones y modales, demostraban constantemente un estilo de apadrinamiento que trascendía el supuesto del esquema autoridad/subordinado. Actualmente, ese hombre es mi padrino. Pero aprendí a ser un padrino como él, tanto de mis apadrinados como de él.

Trabajé con algunos recién llegados durante mi segundo año. Trataba de usar el miedo, la culpa y la voz de un sargento instructor para motivarlos. A cada uno de ellos le daba tareas de lectura en torno a la literatura aprobada por la Conferencia de A.A., tareas de redacción e innumerables sermones. Jamás compartía mi propia experiencia, mis debilidades ni mi desesperación porque eso podía debilitar mi imagen de figura de autoridad ante sus ojos.

Entonces, durante dos días recibí en mi apartamento a un recién llegado en serias dificultades. Quería quedarse más, pero insistí en que se buscara su propio lugar; esto terminó beneficiándonos a ambos. Insistí en que otro me llamara todos los días desde el centro de rehabilitación. Eso mantenía mi memoria muy vívida. Además, darles esas tareas de lectura me mantenía muy ocupado.

Tenía que releer toda la literatura que les había asignado para poder responder a la perfección cualquier pregunta que me hicieran mis apadrinados, como una verdadera autoridad. Fue así como ser padrino me empezó a ayudar a mí.

Dos muchachos me descartaron, fue un golpe muy fuerte a mi ego. Esperaba que encontraran a otro padrino, pero secretamente me alegraba de haberme librado de ellos. Al menos, eso decía. Uno me dejó de lado, creo, porque nunca me abrí con él. Dijo que yo nunca admitía ante él que yo "también cometía errores". El otro me dijo que yo siempre lo criticaba sin elogiar sus pequeños pasos en la dirección correcta.

¡Los dos tenían razón! Sin embargo, nunca bebí por haberme equivocado y esos dos chicos aún están sobrios, como también lo está, por la gracia de Dios, el que no me abandonó. Hubo una dura competencia entre Dios y yo para ver cuál de nosotros era el verdadero padrino de estos muchachos, pero nunca llegamos a una conclusión. Lo que cada uno entiende por Dios nos ayudó a todos a atravesar las dificultades.

El apadrinamiento empezó a funcionar para mí más tarde. Le pedí a Dios que me permitiera brindar más servicios durante mi tercer año. Sabía que lo necesitaba para mantenerme sobrio. Para ese momento, ya no tenía apadrinados. Al cabo de unas horas de orar por una oportunidad de servir, Dios puso en mi camino a un apadrinado temporal. Nos conectamos enseguida. Escuchar había empezado a resultarme mucho más fácil. Probé nuevas formas de hacer sugerencias firmes. Después de todo, esta también sería una experiencia de aprendizaje para mí. La mayoría de las veces, tomaba en cuenta los frágiles sentimientos de mi apadrinado antes de contestarle mal. Trataba de proponer posibilidades y sugerencias sin usar el tono de quien pone las reglas. Pero cuando mi instinto me decía que él necesitaba un mensaje contundente, se lo decía sin vueltas. Por último, y lo que creo es más importante, empecé a compartir con él lo que antes solo le confiaba a mi padrino: lo que me pasaba a mí. Me volví vulnerable. Y no recaí en la bebida, un día a la vez. Aprendí muchas lecciones tanto de mi actual apadrinado como de los anteriores, que siguen poniéndose en contacto conmigo de vez en cuando. Prueben el apadrinamiento. Funciona.

ROBERT P.
Nueva York, Nueva York

Vivir y dejar vivir (Fragmento)
Junio de 2002

Una de las cosas maravillosas de la Hermandad es que hay alguien para cada persona, y normalmente escogemos a personas que parezcan congeniar con nosotros. Todos los miembros de A.A. tenemos derecho a tener nuestra propia opinión, incluso si esa opinión es que la opinión de otra persona no es tan acertada como la nuestra. No existe ninguna sociedad sobre la tierra que ponga tanto énfasis como A.A. en el derecho de cada persona a pensar, decir y hacer lo que le plazca. Toda la estructura de A.A. se basa en un espíritu democrático. No hay jefes ni gurús. En ningún lugar del mundo encontramos una sociedad tan increíble, que brinde tanta libertad a tanta gente. Si funciona, no lo arregles. Hemos pasado de tener dos miembros a dos millones, y no hay signos de que vayamos a reducirnos. Debemos estar haciendo algo bien.

JIM N.
Springfield del Oeste, Massachusetts

Qué es y qué no es una madrina
Septiembre de 2004

La oportunidad de ayudar a otra alcohólica a trabajar en los Pasos y a concentrarse en la solución me mantiene enfocada en la esencia de la recuperación. Me ha ayudado a sentirme "parte de", algo que había tratado de hacer por años. Resultó ser tan simple como compartir mi experiencia, fortaleza y esperanza con otra persona ebria.

Los Doce Pasos tienen las respuestas a todos los enigmas que la vida me plantea. Otros borrachos se tomaron el tiempo de demostrármelo, no solo por compartir su tiempo y su vida, sino por concentrarse en la solución y enfrentar cualquier problema con fe y confianza. Es una verdadera competencia entre la atracción y la promoción. Los "ganadores" trabajaban con los Pasos y participaban en el servicio; con ellos quería estar; entre ellos buscaba a una madrina.

Hoy, amadrino a cinco mujeres que me dan cinco razones para crecer. Conocí a cuatro de ellas en una reunión de los Pasos, la misma que sentó las bases de los Pasos para mí. Creo que frecuentar la misma reunión escuchando a personas compartir su experiencia y conocerlas es la situación ideal para buscar una madrina. Los Pasos ofrecen las soluciones, y eso era lo que yo quería aprender.

Si le voy a prestar servicio a alguien, necesito fortaleza espiritual. Sin conectarme con mi Poder Superior, soy la misma persona de antes con los mismos defectos, que se causa a sí misma y a los demás el mismo dolor. Frecuentemente me he encontrado con la mente totalmente en blanco y sin saber qué decir a una amadrinada con problemas en la vida, y de pronto se me ocurre una idea intuitiva que ofrece una nueva perspectiva a considerar.

Cuando me pregunto de dónde salió esa idea, siento la calidez en mi corazón, y sé que una vez más Dios hizo por mí lo que yo no puedo hacer por mí misma. Como madrina, no espero ni deseo tomar decisiones por los demás. Solo hago algunas preguntas adicionales sobre motivos, honestidad y contacto espiritual. Me enseñaron a tomar decisiones fundadas y a estar dispuesta a asumir la responsabilidad de esas decisiones. También me enseñaron que los Pasos Seis y Siete entran en juego cuando esas decisiones son impulsadas por el miedo. Este fue un factor importante para mí cuando empecé a desempeñarme como madrina: miedo a arruinar las cosas y a dañar a alguien, así como a no saber las "respuestas" y a que me vieran como a una idiota.

Gracias a Dios, "Hoy tengo una perspectiva más clara de cuáles son mis roles como madrina. Es mantenerme sobria, estar dispuesta a escuchar, compartir mis ideas, orar por otros, y dejar que vivan su propia vida. No consiste en 'arreglar' a nadie, hacer que otros recuperen la sobriedad, hacerlos felices, exigirles que cumplan con las normas, o tomar decisiones por ellos".

Mi Dios me bendijo con algunos ejemplos de madrinas y amigas increíbles. ¡Qué lección de humildad y gratitud me ha dado el amadrinamiento! He crecido mucho en este programa y en la vida. Todas las Promesas se han hecho realidad en mi vida: desde limpiar mi casa, hasta confiar en Dios y trabajar con otros.

HILARY T.
Berlin, Connecticut

Trotamundos de Dios (Tomado de Dear Grapevine)
Diciembre de 1996

Empecé a asistir a las reuniones de A.A. hace veinticinco años en Dearborn, Michigan; me mudé a Denver y después a Phoenix, y nuevamente a Michigan. Soy la trotamundos de Dios. Cada vez que me mudaba ganaba una amiga en una ciudad extraña al ofrecer mi servicio voluntario como madrina.

Hoy tengo setenta y cuatro años, y mi última amadrinada se ha convertido en una amiga querida. Tenemos una reunión todos los domingos en el hotel. Creo que el amadrinamiento es la clave para mantener el éxito en A.A.

LIBBY M.
Brownstown, Michigan

Un camino inusual (Fragmento)
Marzo de 2008

Alcancé la sobriedad en mi adolescencia, y mis experiencias con el amadrinamiento han sido un poco inusuales.

Como muchos que recobraron la sobriedad de jóvenes, conozco lo que es ser la menor de la sala y haber estado sobria por más tiempo que nadie, y que aun así te consideren "inexperta". En consecuencia, la mayoría de mis experiencias de amadrinamiento han sido con mujeres muy jóvenes, incluso de trece años. Ellas fueron las únicas que me dieron una oportunidad. Gracias a Dios, encontré a estas niñas y pude transmitirles el mensaje de A.A. Me salvaron la vida.

Mi primera amadrinada fue una niña de trece años a quien guié por el Paso Doce a pedido de su consejero escolar. Solía llamarme, molesta porque algún sujeto en el que creía que podía confiar se le había insinuado sexualmente (por lo general alguien que tenía el doble de su edad). Odiaba decirle que no siempre estaría segura en A.A., pero era la dura realidad. Hice todo lo posible para cuidarla y mantenerla a salvo, como lo habían hecho por mí.

A través de muchas dolorosas experiencias de aprendizaje, traté de ayudarla a hacer un inventario y a cambiar su conducta para dejar de atraer estas proposiciones. Para mí también era prueba y error, tuve que aprender lo que era y lo que no era apropiado en mi condición de madrina. Yo no era la única que quería protegerla, había varias personas que estaban atentas a su seguridad en las salas de A.A.

Ella fue la primera de muchas jóvenes con las que tuve el placer de trabajar, y una de las tantas que he encontrado con este problema.

Tropecé con muchas situaciones complicadas sin tener una verdadera guía. Finalmente, llegué a un punto en que siento que puedo manejar estas situaciones sin tanta confusión y dudas. Descubrí con qué me siento cómoda y lo que me parece correcto según las Tradiciones y principios de A.A.

ANÓNIMO

No hay absolutos en A.A. (Tomado de Dear Grapevine)
Agosto de 2003

No hay absolutos en A.A. Acabo de celebrar ocho años de sobriedad y nunca tuve un padrino. Voy a las reuniones, tengo un firme grupo de apoyo y cuando tengo un problema que me parece abrumador, hablo con alguien. Con esto no pretendo decir que no crea en el apadrinamiento, pero pienso que no es para todos y que no todo el mundo siente la necesidad de tener un padrino.

En casi todas las reuniones a las que he asistido rara vez se sugiere que un recién llegado busque un padrino; es más bien una orden: "¡Busca un padrino!". También oí decir: "Si no tienes un padrino, vas a beber". ¿Quién estableció esa regla? El hecho de que elija no tener un padrino individual sino a varias personas de A.A., además a la misma A.A. como un todo, y, por supuesto, a mi Poder Superior como guías en mi sobriedad, no garantizan que tenga más probabilidades de recaer que alguien que tenga un padrino individual.

La verdad da un poco de miedo. Aunque solo he asistido durante unos ocho años, parece haberse producido un cambio en A.A.: lo que antes eran sugerencias o indicaciones ahora son absolutos. Compartir experiencias, fortalezas y esperanzas, no implica, en mi opinión, establecer una regla rígida que haya que obedecer. Seguiré asistiendo a A.A. pues me da vida. Lo menos que puedo hacer es transmitir el mensaje con las sugerencias que me dieron a mí, incluida la de buscar un padrino, si ese es el camino que debe recorrer un recién llegado.

JIM H.
Dunmore, Pennsylvania

Un padrino rígido (Tomado de Dear Grapevine)
Diciembre de 2004

Al igual que el autor de "The Sponsorship Broker" ("El Agente de Apadrinamientos", septiembre de 2004), no creo que los padrinos tengan que saber todas las respuestas, pero sí las preguntas correctas que hay que formular. Pienso que un buen padrino sabe escuchar. Oigo a algunos miembros decir que cuando recién llegaron tuvieron un padrino rígido, y la palabra clave es siempre "tuvieron". Normalmente superamos ese tipo de apadrinamiento. Sigamos contando nuestra historia, de un alcohólico a otro, y podremos, literalmente, hacer milagros.

DAVE S.
Prince Albert, Saskatchewan

Hallar a la madrina correcta
Mayo de 2003

Mi primera madrina fue lo que alguien llamaría una bravucona. Criticaba mis ideas, me insultaba, me gritaba y a veces colgaba el teléfono cuando la llamaba. Esta madrina se había mantenido sobria unos veinticinco años y lo sabía todo. Era a su manera y punto, y esa manera tenía muy poco que ver con el Libro Grande. Amadrinó a muchas otras mujeres que también le temían, pero tenían más miedo de ser excluidas del grupo si la dejaban. Aun así, después de tres meses de sobriedad, la dejé. Ese tipo de amadrinamiento simplemente no funcionaba para mí. Y sentí que el grupo me discriminó por eso, así que durante un tiempo también lo abandoné. Luego encontré a una madrina para estudiar el Libro Grande. Ella se tomó el tiempo de sentarse conmigo varias noches por semana para leer juntas sus primeras ciento sesenta y cuatro páginas. Me explicó cosas, me ayudó con el Cuarto Paso, y compartió conmigo todo lo que sabía del programa de A.A., incluido el kit de herramientas espirituales. No teníamos una relación muy estrecha, pero me sentía relajada y tranquila con ella. Era más que una relación alumna-maestra, y le estaré siempre agradecida por iniciarme en los Pasos.

Luego de haberme mantenido sobria por diez meses, esta madrina se mudó, así que volví al grupo donde por primera vez recuperé la sobriedad. Durante varios meses, solo asistí a las reuniones y no busqué una madrina. Al final, le dije al grupo que necesitaba ayuda para encontrarla y ellos me conectaron con una. Mi actual madrina lleva diez años sobria. Aprecio que sabe escuchar. Me alienta a abrirme y a menudo se ríe conmigo por mi modo de pensar. Cuando la conocí me dijo: "Una madrina no te puede mantener sobria. Solo lo que tú entiendes por Dios puede hacerlo. Pero haré todo lo que esté en mis manos para ayudarte".

Hoy le agradezco a Dios por haberme regalado una madrina fantástica que me alienta a aprender por mí misma, y a usar plenamente los recursos de toda la comunidad.

C. H.
San Angelo, Texas

El espíritu del amadrinamiento (Tomado de Dear Grapevine)
Diciembre de 2001

M i madrina durante más de veinte años falleció hace dos años, y aunque no pude acompañarla en su lecho de muerte, allí estuve en pensamiento y espíritu. ¿Qué la hacía tan especial? Probablemente su inquebrantable amor y entusiasmo por el programa de A.A. O quizá era su firme creencia de que todas las personas son esencialmente buenas y aportan algo positivo a la vida. Le agradezco profundamente lo que hizo por mí cuando yo era una recién llegada temerosa, y lo que siguió haciendo durante los siguientes veinte años.

Cuando le pregunté qué significaban los altibajos de la vida, me respondió que el secreto de la vida era simplemente vivirla. Cuando me resentía con alguien de A.A., me aconsejaba escuchar el mensaje, y no culpar al mensajero. Me enseñó a buscar milagros en lugares imprevistos y a estar dispuesta a apreciarlos.

Es por eso que me encanta una historia que me contó su familia al volver de esparcir sus cenizas en el mar que ella amaba. Siempre decía que al morir quería regresar como un delfín. Cuando arrojaron sus cenizas, el marido de mi madrina y sus hijos vieron dos delfines nadando junto a ellos.

"¡Miren!", gritó uno de ellos. "Ahí va mami, y ya está amadrinando a alguien más".

LYNN C.
South Deerfield, Massachusetts

SOLO TIENES QUE PEDIRLO

*Cómo superar el miedo inicial de buscar un padrino
o de empezar a apadrinar*

La literatura de A.A. nos asegura que el apadrinamiento suele ayudar más al padrino que al apadrinado, y que solo nuestro Poder Superior puede mantenernos sobrios. Aun así, convertirse en padrino puede ser una posibilidad atemorizante, especialmente cuando es fácil creer que si "fallas", puedes volver a beber.

"Me preguntó si podía ser su padrino", escribe el autor de "Any Lengths — Even Brooklyn" ("Hasta donde sea necesario, incluso hasta Brooklyn"). "De inmediato me sentí pequeño, 'poca cosa', indigno y un fraude total".

La otra cara de la moneda es que un A.A. que comienza a buscar un padrino también siente ansiedad. El autor de "¿Me echarás?" escribe: "Llegué a pensar que si le pedía a alguien que me apadrinara, me diría que no. Desarrollé un terrible miedo al rechazo".

El miedo a lo desconocido, el miedo a meter la pata, o el miedo a ser rechazado pueden hacer que un A.A. se reprima de apadrinar a alguien o de pedirle a otra persona que lo apadrine. Los miembros que cuentan su historia en este capítulo hablan de superar ese miedo y aprender a decir que "sí".

¿Me echarás?

Marzo de 1997

L
a primera vez que recuperé la sobriedad después de una recaída, pensé que era una de esas pocas personas en A.A. que
no necesitaría un padrino. También llegué a pensar que si le
pedía a alguien que me apadrinara, me diría que no. Desarrollé
un terrible miedo al rechazo. Así que apenas me mantuve a flote
por siete meses. A esta altura, sentía que me iba a volver loco. No
estaba siguiendo ningún tipo de programa. Sabía que si quería
mantenerme sobrio, no podía evitar el tema del padrino.

La primera persona a quien le pedí que me apadrinara hizo
exactamente lo que temía: me rechazó. Me dolió el rechazo,
pero sabía que quería mantenerme sobrio. Solo sabía dos cosas
de la próxima persona a quien le pedí que fuera mi padrino: su
nombre y que lo había visto recibir una ficha por cinco años de
sobriedad. Me aceptó y me inició en los fundamentos del programa de A.A. Me dijo que leyera el Libro Grande hasta la página
ciento sesenta y cuatro, que después lo leyera una segunda vez, y
luego lo analizaríamos. También me hizo leer un libro de devo-
ción diario y orar todos los días a un Poder Superior. Lo último
que dijo fue que lo llamara todos los días si quería que me apadrinara. Yo no quería hacer esto a los cincuenta y dos años, pero
le dije que sí, y lo hice.

Un día lo llamé siete veces. Le pregunté si me iba a echar
si volvía a llamarlo ese día. Se rió y dijo que no, que lo estaba
ayudando. En ese momento no lo entendí. Ahora sé que me
necesitaba. Llevo cuatro años de sobriedad en este milagro de
Dios que es A.A., y sigo con este afectuoso padrino. Me guía con
su mano gentil pero firme. Sé que no podría haberme mantenido
sobrio sin este hombre. Le agradezco mucho a mi Dios personal

por ponerlo en mi camino. Si no tienen un padrino, les recomiendo enfáticamente que busquen uno. El alcoholismo es una enfermedad que mata.

JOE A.
Lexington, Carolina del Sur

Hasta donde sea necesario, incluso hasta Brooklyn
Septiembre de 2010

Esta noche recorrí el largo trayecto a Brooklyn. Un compañero de clase había mencionado que no podía "tocar eso" cuando se mencionó al alcohol. Después de clase (y llenándome de valor) le pregunté si iba a las reuniones. "¿Te refieres a las reuniones de Alcohólicos Anónimos?", dijo, evidentemente conmocionado por la pregunta. Afirmó que lo hacía, y que había estado sobrio por seis meses. Sin embargo, antes de despedirnos, se sinceró conmigo y dijo que había bebido un día. Le ofrecí mi número de teléfono e hicimos un plan para reunirnos en su barrio.

El viaje a Brooklyn me iba a agotar porque vivo en Queens y era la hora pico. Pero con tres años de sobriedad, me sentía a la altura de las circunstancias. Sobreviví al tráfico una hora y media, pero encontré la iglesia y a mi compañero, y llegué con tiempo de sobra. Asistimos a dos reuniones completas; compartí durante la segunda. Mientras salimos, me pidió que lo llevara. En tanto conducía, me preguntó si podía ser su padrino. En casi tres años y medio de sobriedad, y de participar con regularidad, solo otra persona me había pedido que la apadrinara; y había desaparecido al poco tiempo. Acepté.

De inmediato me sentí pequeño, "poca cosa", indigno y un fraude total. Le dije que mi padrino y yo no estábamos trabajando juntos lo suficiente, y que él debería saberlo. También le dije que no bebiera y que me llamara. No se me ocurrió nada más. Después de dejarlo, instintivamente llamé a un compañero alcohólico que, junto a su esposa, estaba muy afianzado en el programa. Le comenté mi dilema: no sabía qué hacer. Me dijo: "¿Por qué no le sugieres que asista a las reuniones, que te llame todos los días y que empiece a leer el Libro Grande?". Mmm, ¿por qué no se me había ocurrido? También le expliqué los problemas de mi propio padrino, y se ofreció a ayudarme.

De hecho, se convirtió en mi nuevo padrino.

Con la ayuda de A.A., ahora tengo un nuevo padrino y un apadrinado. ¡Y es algo hermoso! En A.A., descubrí que no es una vergüenza pedir ayuda, y que al hacerlo, por el solo hecho de pedir, ayudamos a otros.

Mi nuevo padrino estaba agradecido de saber de mí (y yo, de saber de él) al igual que mi compañero de clase, y todos nos ayudamos mutuamente a mantenernos sobrios.

ADAM K.
Queens, Nueva York

¿Necesitas un padrino? ¿Quién, yo?
Enero de 1975

Que a alguien le pidan ser padrino o madrina no es una oportunidad de jugar a ser Dios. Es, más bien, una lección de humildad, en la que al padrino o la madrina les sentaría bien orar para pedir orientación. Además, buena parte de la tarea consiste en escuchar. Empatía, no solidaridad o lástima, es la cualidad más útil que pueden cultivar un padrino o una madrina.

SALLY H.
Bellevue, Washington

Un Dios mayor

Marzo de 2002

H ace poco le pregunté a una recién llegada, "¿Ya tienes una madrina?". Me dijo que no. "¿Cómo la consigo?". Le contesté que solo tenía que pedirlo. "De acuerdo, ¿qué tal tú?", preguntó. "¿Quieres ser mi madrina?". Por una fracción de segundo, olvidé respirar. Me había malentendido. Ella necesitaba una madrina que dispusiera de mucho tiempo, alguien con más que tres míseros años. Y de pronto me oí decir: "Me encantaría amadrinarte". Se me escapó. Ahora sí que me había metido en un lío. No soy madrina, soy amadrinada. No tengo tiempo para amadrinar a nadie; me hace falta trabajar en mis propios Pasos.

Lo siguiente que recuerdo fue que le hablaba de leer el Libro Grande. Debo haber sido coherente porque pareció complacida cuando nos separamos, y le dije exactamente lo que mi madrina me había dicho, "Llámame aunque no tengas nada que decir." Ahora yo hablaba como un padrino de profesión. Al comienzo odiaba hacer esas llamadas y dejar mensajes en la máquina de mi patrocinador: "Hola, solo llamaba para saber cómo estás".

Me asusta el cambio. Me asusta el progreso imperfecto. Siempre fui así. Me senté a rezar y pedí la disposición para ser la mejor madrina posible. Todo lo que tengo que hacer es compartir mi experiencia, fortaleza y esperanza. Saqué mi Libro Grande y empecé a leer desde el principio.

He sido madrina por cuatro días enteros, pero siento como si hubiera transcurrido un siglo de crecimiento espiritual. Definitivamente crecí una o dos pulgadas. Debido a este sutil cambio en mi percepción de mí misma, y el tránsito de trabajar en los Pasos como amadrinada a luego ser madrina, me siento extasiada.

Cuando estoy asustada, mi madrina siempre me dice: "Quizá deberías tener un Dios más grande". Esto solía dejarme perpleja, pero ahora lo entiendo. Cuanto más tiempo esté sobria, más plena será mi vida y, por consiguiente, mi Dios será más grande. En lugar de proteger lo que tengo, ahora he elegido mantenerme abierta. "Abierta, Abierta, Abierta", como se repite a sí misma una amiga sobria. Esta semana, me encuentro momento a momento, preguntándole a Dios, "¿Y ahora qué?".

STEFANI R.
Los Ángeles, California

Un padrino novato (Tomado de Dear Grapevine)
March 2009

Recuerdo haberle preguntado a mi padrino: "¿Cuándo comienzo con los Pasos?". Me respondió: "¿Cuándo quieres mejorarte?"
Había estado sobrio apenas cuatro meses cuando conocí a un nuevo amigo en la reunión de las ocho. Era como yo, alguien desesperado que no estaba dispuesto a hacer nada para estar sobrio. Cuando me pidió ayuda llamé de inmediato a mi padrino. Él me dijo: "Tómalo de la mano y guíalo como yo te guío a ti". Íbamos caminando a las reuniones, rezábamos, leíamos el Libro Grande y practicábamos los Doce Pasos juntos, con la ayuda de mi padrino.
Un día a la vez se ha convertido en siete años. Gracias a A.A. ya no somos personas sin hogar ni esperanza. Se trata verdaderamente de un borracho que ayuda a otro.

DAVID M.
Martinsville, Virginia

Una sabia interrupción (Tomado de Dear Grapevine)
Julio de 2007

Historias recientes sobre "interrupciones" me hicieron recordar algo que me ocurrió hace unos veinte años cuando era un principiante y luchaba por mantenerme sobrio, en una reunión en Catlett, Virginia.

Levanté la mano para anunciar que había tenido otro desliz. Luego seguí hablando durante varios minutos sobre lo desanimado y atónito que estaba. No estaba transmitiendo un mensaje, sino el conocido "enredo". Finalmente, el líder, un compañero llamado Dick, alzó la mano y me interrumpió con una pregunta punzante: ¿Qué había dicho mi padrino cuando lo llamé y le dije que quería beber?

Pocos días después, encontré a mi primer padrino. Estoy seguro de que los otros asistentes a la reunión le agradecían a Dick de que me hubiera interrumpido. Al día de hoy sigo agradecido con él. Me alegra de que le preocupara más mi vida que mis sentimientos.

MARBURY W.
Greenbelt, Maryland

Una mano amiga
Enero de 1997

Conocí a la mujer que se iba a convertir en mi madrina cuando yo tenía nueve días en el programa. Olvidé lo que dijo esa noche, pero tuve la sensación de que esta mujer tenía los pies sobre la tierra. La llamé al duodécimo día porque no sabía qué más hacer. Dijo que tenía otros planes para esa noche, pero me sorprendió al asistir a la reunión. Ya no había sillas disponibles, así que me senté en el piso y ella también. Al terminar la reunión, le pedí que fuera mi madrina. Me abrazó y dijo: "¡Dios te mandó a mí!". Desde entonces ha sido mi madrina y es una de las personas más importantes en mi vida.

Cuando celebré mi primer año de sobriedad, ambas empezamos a buscar alguien que yo pudiera amadrinar, para poder compartir la experiencia del otro lado del mostrador. Al principio buscaba a recién llegadas, les preguntaba si tenían una madrina, y si no la tenían, les decía que me complacería serlo. No tuve suerte. Un hombre con varios años de experiencia me dijo que al acercar-

48 FRENTE A FRENTE

me probablemente las asustaba o intimidaba, así que reexaminé el acercamiento.

Si había alguna recién llegada en una reunión, le daba mi número de teléfono y le decía que me complacería ayudarla de cualquier forma que pudiera. Sin presión. No tuve suerte. Escribí mi nombre en varios libros de amadrinamiento temporal. Tampoco tuve suerte. A veces actuaba como enlace con los principiantes en mi grupo base. Tampoco tuve suerte esta vez.

Por fin, mi madrina conoció a una mujer que acababa de salir de rehabilitación y me dijo que hablara con ella, que la sacara a tomar un café, y que quizá podría ser su madrina. Hice lo que me había dicho mi madrina. Al cabo de unas semanas, la mujer me pidió que la amadrinara, pero casi nunca me llamaba. Quise ser servicial, y la llamé. Unas semanas después, le pedí que me llamara. No volvió a llamarme.

Al poco tiempo, nos encontramos en una reunión y salimos a tomar un café o comer algo ligero. Dos semanas después, no vino a la reunión, pero sí aceptó a tomar un café. Volví a sugerirle que me llamara después, porque necesitaba pasar tiempo con mis amigos, y le ofrecí reservar una hora todas las semanas para que ella y yo pudiéramos encontrarnos. Dejó de venir a las reuniones a las que yo asistía y no volvimos a tomar café juntas. Por eso le dije que no podía seguir siendo su madrina. Tuve que dejarle esta noticia en el contestador automático porque no me devolvió las llamadas que hice a su oficina.

Había herido mis sentimientos y mis expectativas eran demasiado altas. Nada de lo que pueda decir o hacer puede controlar la conducta de otra persona. He aquí una excelente aplicación para el eslogan "Vivir y dejar vivir", el cual me recuerda que el único objetivo es ser útil.

Pasaron meses. Yo seguía dando mi número de teléfono en las reuniones y actuando como enlace, pero nadie me pidió que fuera su madrina. Muy pronto, las mujeres a las que había visto contando los días tenían una o dos amadrinadas. Incluso mi madrina sumó a otra amadrinada.

Hace poco, llegó a mi grupo base una mujer que no había tomado un trago en cuatro días. Le pregunté si quería salir a tomar un café y respondió que sí. Hizo un montón de preguntas sobre el amadrinamiento y le ofrecí ser su madrina. Dijo que le encantaría, si no era demasiado problema. Ningún problema, respondí, pero, por favor, trata de llamarme antes de las dos de la mañana.

No me llamó. La veía en las reuniones y le preguntaba cómo andaba todo. Estaba ansiosa por contarme todo en persona, pero reticente a tomar el teléfono. Una semana después, vi que se fue corriendo de una reunión. La seguí y le pregunté qué le pasaba. Estaba agitada. Me contó que había llamado todos los días a otra mujer del programa y que estaba trabajando en el Primer Paso con ella. Tenía una madrina, pero no era yo.

Si bien me decepciona no tener una amadrinada, me alegra hacer el trabajo del Paso Doce. Hablo en las reuniones. Sigo dando mi número de teléfono. Mi nombre aún figura en los libros de amadrinamiento de los grupos de la ciudad. He ido a visitas del Paso Doce. Cuando alguien llama, actúo como enlace, y soy secretaria y tesorera de mi grupo base. Me agrada ir a un café con los demás después de las reuniones. Recibo a las recién llegadas, y me esfuerzo especialmente por recordar sus nombres. Varias de esas personas, a las que conocí cuando todavía temblaban y sudaban a causa de una borrachera, llevan más de un año sobrias. Ellas recuerdan que las miré a los ojos, les di la bienvenida y les tendí mi mano fraterna.

Como amadrinada, me siento dichosa. Como madrina, estoy desconcertada. Quizá nunca llegue a ser madrina, pero eso no evitará que tienda la mano para dar la bienvenida.

ELIZABETH H.
Nueva York, Nueva York

IR AL EXTREMO

Aceptar apadrinando a recién llegados conflictivos o con problemas mentales

E l autor de "Este padrino hace visitas a domicilio" tiene un apadrinado en la prisión, otro en el hospital con trastorno maníaco depresivo, y un tercero con una resaca por haber recaído en la bebida. "Le dije [a mi padrino] que todavía no lograba entender todo este asunto del apadrinamiento", escribe. "Mi padrino me señaló que en el apadrinamiento, como en todo el trabajo del Paso Doce, nuestra principal tarea es llevar el mensaje de la sobriedad. Yo había estado haciendo eso todo el día".

"El trabajo con Phil significó toda la diferencia. Me ayudó a atravesar lo peor de la agonía", escribe el autor de "Mentalmente enfermo". Los A.A. de este capítulo, por ejemplo el que apadrina a un paciente con enfermedad mental, eligieron tratar de ayudar a otros miembros particularmente problemáticos, y al hacerlo, ellos mismos se mantuvieron sobrios.

La tristeza de una madrina

Marzo de 1991

Ingresé a A.A. con el espíritu abatido en 1984, enferma tanto física como mentalmente. Poco a poco, empecé a mejorar. Mi salud mejoró, mi estado mental parecía razonablemente bueno, y mi espíritu se sanó. Conseguí una madrina que me enseñó los pormenores de la forma de vida de A.A. Asistí a las reuniones de los Pasos, del Libro Grande, y de debate con la participación de oradores. Preparaba café, barría los pisos, vaciaba los ceniceros y leía el informe del secretario. Mi vida lentamente se arregló.

En algún momento de mi cuarto año de sobriedad, empecé a sentir la necesidad de retribuir algo de lo que había recibido. En un par de oportunidades me habían pedido que amadrinara a algunas personas, pero siempre decliné porque sentía que no estaba lista. Luego acepté amadrinar temporalmente a alguien a quien había visto en las reuniones. Vivíamos cerca y a menudo íbamos en auto a las reuniones.

La relación, que en un principio había sido satisfactoria para ambas, pronto se tornó amarga. El tiempo que me demandaba mi nueva amiga me parecía excesivo. Me llamaba tres o cuatro veces al día y se aparecía en la puerta de mi casa cuando le venía en gana. Me repetía a mí misma que Bill y el Dr. Bob habían lidiado con este tipo de cosas. Hasta dieron alojamiento a personas en sus casas. A mí me parecía que para ellos no había inconveniente demasiado grande. ¿Cuál era mi problema? ¿Por qué lo resentía?

Resultó que mi amiga tenía otros problemas, además del alcohol: trastorno bipolar (enfermedad maníaco-depresiva). Nunca me lo ocultó, pero tampoco hablamos del tema. Ella no quería hablar de su enfermedad y yo no quería saber de eso.

Ocurrió lo inevitable: tuvo un episodio maníaco-depresivo que fue violento y destructivo. Por mucho que lo intenté, con todos mis sólidos conocimientos de A.A., no pude ayudarla. La policía la sacó de su casa después de veinticuatro horas terribles. Me partió el corazón.

Ahora estaba atada a una cama en un hospital mental, esperando que la rescatara de ahí. Yo todavía estaba aterrada con la escena que acababa de presenciar. Ese día conocí un miedo que no había sentido en todos mis años de bebedora. En realidad, este episodio fue uno de tantos similares que ella había tenido. Su familia me aseguró que ella, con el tiempo y con la medicación correcta, estaría bien.

Yo estaba aterrada. Tenía insomnio y me enfermé físicamente. Mi respuesta llegó después de hablar con mi madrina: tenía que desprenderme con amor. Me sentí impotente pero no lo podía aceptar. En el fondo, pensaba que si me esforzaba lo suficiente podía transformar las cosas a mi gusto.

En mi ignorancia de su enfermedad, incluso puedo haberla herido al no reconocer los signos que se hacían cada vez más evidentes. Sin importar cuánto me esforzara, ella continuaba empeorando.

Tengo dos motivos para escribir esto. En primer lugar, otra persona puede aprender de mi tristeza. A.A. funciona para problemas con el alcohol, pero no puede hacer nada para combatir un trastorno bipolar. En segundo lugar, la próxima vez que trate de amadrinar a alguien (si es que lo hago), me aseguraré de que hablemos del alcoholismo. Mi primera amadrinada y yo nunca hablamos de la bebida. Ahora suena extraño, pero es verdad. Hablábamos sobre los hijos, los maridos, las reuniones, las casas, etc., pero no sobre el alcoholismo ni sobre el programa.

Hay muchas cosas en este mundo sobre las que no tengo ningún poder, muchos problemas que no puedo resolver. Sería mejor que lo recordara. Yo no puedo, pero Dios sí; así que mejor se los dejo a Él.

J. N. W.
Lynn, Massachusetts

Espíritus afines

Marzo de 2009

H e estado sobria en Alcohólicos Anónimos durante veinte años. Alcancé la sobriedad en el Westside Alano Club, en Pico Boulevard, en Los Ángeles. El club estaba a corta distancia del hospital mental donde yo había estado gastando el dinero de la Administración del Seguro Social. El hospital tenía un programa para las personas con diagnóstico psiquiátrico, además de dependencia a sustancias químicas. Yo estaba deprimida y muy psicótica. Solo quería sentirme como alguien normal. No quería tener esa sensación de que todos me estaban mirando, o de que el mundo en cualquier momento me iba a caer encima.

Deseaba sentirme digna de ser querida, y poder confiar en que algún día llegaría algo bueno para mí. Ensayaron todo tipo de pastillas conmigo, pero ninguna pareció dar resultado. Tampoco los tratamientos de electrochoque.

El alcohol era lo único que realmente parecía funcionar para mí. He escuchado que la gente en A.A. lo llama "coraje líquido", y así era para mí al principio.

Bebí y fumé durante toda la secundaria, a los diecinueve años pasé mis primeras "vacaciones" en un hospital psiquiátrico, y a los veintitrés estaba en un pabellón de acceso restringido. Usé una sábana para colgarme del marco de una puerta y perdí el conocimiento.

Cuando me encontraron tuvieron que hacerme una traqueotomía de emergencia. Desperté del coma unos días después; el lado izquierdo de mi cuerpo estaba paralizado y no sabía cómo me llamaba. Después de varias resonancias magnéticas, determinaron que había dañado al menos el diez por ciento de mi cerebro. El pronóstico era que quedaría discapacitada por el resto de mi vida. Afortunadamente, mi papá y mi médico tenían expectativas más altas. Hice fisioterapia para aprender a caminar de nuevo y, cuando me dieron el alta del hospital unos meses después, me enviaron a rehabilitación.

Pero esa no es la parte importante de mi historia. La parte importante es cómo llegué a Alcohólicos Anónimos. Había un hombre en mi grupo de terapia en el hospital con el que nos hicimos amigos. Stan, de alguna manera, vio en mí un espíritu afín y empezó a llevarme a sus reuniones de A.A. Me enseñó la importancia de buscar las similitudes en vez de las diferencias.

Por fin, hice las cosas que me decían, aunque no de muy buena gana. Estaba resentida con todo. Me llevó mucho tiempo encontrar un grupo base en el que me sintiera cómoda y un padrino con el que pudiera relacionarme.

La mujer que finalmente elegí como madrina, Marla H., de Redondo Beach, no aceptaba ninguna forma de autocompasión de mi parte, y cuando yo me quejaba de mis problemas psiquiátricos, ella, cariñosamente, me respondía que "los Doce Pasos funcionan para cualquiera, incluso personas como tú y yo, si se trabajan con honestidad. Así que, deja de quejarte y empieza a seguirlos".

En la recuperación encontré una nueva forma de vivir. Marla tenía razón cuando me dijo que, si seguía los Pasos y me quedaba en el programa, la calidad de mis problemas iba a mejorar. Por aquel entonces, tenía que ocuparme, por ejemplo, de ver cómo tomar el autobús hasta la oficina de asistencia social; hoy, en cambio, tengo que ocuparme de buscar alojamiento para los muchos parientes que vendrán a mi graduación universitaria en junio.

He encontrado alegrías en la vida que nunca creí posibles, y también he atravesado sobria, situaciones que nunca creí ser capaz de superar. He escuchado a algunas personas decir en estas salas que A.A. es un programa egoísta, y no me gusta escuchar eso.

Mi egoísmo es lo que más me mete en problemas, y los Pasos

hablan de cómo el egoísmo y el egocentrismo son la base de nuestros problemas. Quisiera decir que A.A. es un programa que uno
puede usar para aprender a seguir la voluntad de su yo superior.
Los principios básicos de nuestro programa (honestidad, recep-
tividad y buena voluntad), cuando se aplican a una vida vivida en
servicio a Dios y al prójimo, tienen el poder de transformar no solo
la vida de los alcohólicos, sino también, posiblemente, el mundo a
nuestro alrededor.

PAM P.
San Pedro, California

Este padrino hace visitas a domicilio
Marzo de 1982

Alrededor de un año y medio después de la última vez que bebí,
aún estaba muy activo yendo a muchas reuniones; pero el domingo, con las señales propias de ese día para beber, seguía
siendo un día difícil para mí. Afortunadamente, vivo en la ciudad
de Nueva York, y allí hay reuniones disponibles a lo largo de todo
el domingo.

Un día, recibí una llamada de un compañero junto al cual había recuperado la sobriedad. Él había vuelto a tomar unos tragos
recientemente, había golpeado a su novia y estaba en prisión esperando ser juzgado. El domingo siguiente, salí muy temprano hacia
la cárcel (era un viaje de dos horas) con unas pocas pertenencias
personales, un Libro Grande y una copia de la revista Grapevine.
Después de compartir con mi amigo la opinión de que no eran su
novia ni el juez los culpables de que hubiera acabado tras las rejas,
sino aquel primer trago, regresé a Nueva York para una reunión al
mediodía.

Más tarde ese mismo día, pasé por un hospital a visitar a un
apadrinado que se había internado para tratar su trastorno bipolar
después de un año de sobriedad. Me sentí un poco extraño al estar

por primera vez en un pabellón cerrado, pero pude comprobar lo que dice el viejo dicho: cuando dos alcohólicos se reúnen para hablar de su recuperación, es una reunión.

Después del hospital, decidí pasar a visitar a otro pichón. (¡Soy el tipo de padrino que hace visitas a domicilio!) Cuando llamé por teléfono, me dijeron que se había emborrachado la noche anterior. Tras llevar a mi amigo con resaca a una reunión, volví a casa para llamar a mi propio padrino y pedirle consejo.

Le dije que sentía que todavía no lograba entender todo este asunto del apadrinamiento. Allí me encontraba, venía de visitar a dos personas que estaba apadrinando y a otra que me llamaba su padrino, pero aún no había un solo miembro saludable en mi lista. Uno estaba preso, el otro en un hospital mental, y el otro con resaca. ¿Qué estaba haciendo mal?

Primero, mi padrino me señaló que en el apadrinamiento, como en todo trabajo del Paso Doce, nuestra principal tarea es llevar el mensaje de la sobriedad. Yo había estado haciendo eso todo el día. Luego me preguntó cómo me sentía en ese momento. Le respondí que muy bien. Eso, me dijo, es el otro propósito del apadrinamiento: hacer que el padrino se sienta muy bien.

ANÓNIMO
Bronx, Nueva York

Mentalmente enfermo

Marzo de 2010

El poliéster puede hacerle arder la piel. Escucha voces que lo atormentan. Se golpea la cabeza contra las paredes para silenciarlas. Las voces contraatacan; le infligen dolor interna y externamente. La medicación antipsicótica que recibe le ha generado diabetes tipo dos. Se siente terriblemente solo; constantemente marginado. Instintivamente las personas son amigables con él, pero pocas veces van más allá de un apretón de manos y una sonrisa. Rara vez, si es que sucede, alguien lo invita a tomar un café o a comer.

Phil está mal de la cabeza. Cuando me pidió que lo apadrinara el año pasado, mi reacción fue típicamente arrogante: soy demasiado bueno para esto. Llevo treinta años sobrio; debería apadrinar a estrellas de cine. Estaba pasando por el período más doloroso de mi sobriedad. Acababa de separarme de mi esposa. Era bastante mayor cuando me casé con ella. Había esperado a la mujer correcta. Estaba seguro de eso. Antes de proponerle matrimonio, había rezado pidiendo señales y las había tenido, había dejado mi hogar en la playa de Santa Mónica y mudado a Canadá.

Las reuniones en los suburbios de Toronto no eran como en Santa Mónica. Prefería la efervescencia ruidosa de la Costa Oeste, pero de un modo u otro me había resignado a la diferencia. Poco después de la boda, tuve una discusión filosófica con un veterano.

Fue tan trascendental que ni siquiera recuerdo el tema, pero fue la excusa que necesitaba para hacer algo que creí que nunca haría: dejar A.A. Ya no lo necesitaba. Era un camino eficaz, pero yo ya estaba del otro lado. Lo había escuchado todo: los clichés, el egocentrismo, el discurso ignorante de los grupos. Era insalubre seguir ahí para alguien tan avanzado espiritualmente como yo. Era hora de graduarme.

Había adquirido el síndrome de fatiga crónica. Estaba agotado y malhumorado gran parte del tiempo. Cuanto más me mantenía alejado de las reuniones, más empeoraba. El alcoholismo no tratado es la receta para el egocentrismo. No tenía idea de lo mal que trataba a mi esposa.

Yo estaba bien, me repetía a menudo. Meditaba tres horas por día, repartía los libros de la biblioteca, visitaba a los ancianos que estaban en asilos. Incluso me desempeñaba como tutor de un niño de escuela primaria, y estaba considerando el convertirme en su Hermano Mayor. Me ocupaba plenamente en mi estado espiritual, ¿o no? Entonces, ¿por qué esta mujer que antes me adoraba ahora me echaba? ¿Cómo es que yo había arruinado la relación más importante de toda mi vida?

Y aquí estaba Phil (recién salido de una institución mental, sumamente medicado, bastante distanciado de la realidad), pidiéndome que lo apadrinara. No podía ayudarlo. No era psiquiatra. ¿Qué sabía yo de esos laberintos de la enfermedad mental? Además, estaba demasiado ocupado y era demasiado importante. Llevaba suficiente tiempo en el programa como para ser sensato. Dios siempre me había dado exactamente lo que necesitaba para atravesar los tiempos difíciles. Pero, esta vez, estaba convencido de que era diferente. Le había dado la espalda al programa que me había salvado la vida. Había destruido mi matrimonio y herido a la mujer que amaba. Era un completo idiota. No merecía ayuda.

Estaba tan abatido que no entendía por qué un tipo como Phil, deprimido y lleno de problemas, podría ser otra cosa que una carga. Las conversaciones eran monosilábicas, titubeantes en el mejor de los casos. Era una sensación incómoda, así que yo hacía lo mínimo indispensable: llevarlo a las reuniones, y ocasionalmente tomar un café o cenar con él. Mi actitud nos estaba perjudicando a los dos. Él estaba sufriendo mucho más que yo, y yo no me acercaba a él. No sacaba nada de esta relación, porque tampoco aportaba nada. Dios me estaba facilitando las herramientas que necesitaba para reconstruir mi verdadero yo que estaba destrozado, pero me rehusaba a usarlas.

Hace poco, mientras meditaba, tuve una epifanía. Estaba luchando para superar los efectos secundarios de esta enfermedad (dolor abdominal y falta de concentración), intentando mantenerme erguido, y a punto de renunciar le pedí a Dios: "Por favor, ayúdame a ignorar el dolor y a sentirme más cerca de ti".

La respuesta llegó al instante (o, al menos, eso sentí): "Si de veras quieres sentir mi presencia, debes demostrarlo". Apreté los dientes, me senté más erguido, y me armé de todo el amor que podía sentir. En pocos minutos el dolor disminuyó, la concentración volvió, y me sentí inundado de gracia.

No mucho después, llevé a Phil a una reunión. Su nivel de azúcar en la sangre subió. No podía sentarse quieto. Transpiraba, se retorcía, jadeaba. Las voces en su interior lo asaltaron masivamente e hicieron que saliera llorando de la reunión. De pronto me di cuenta de que, sin importar lo que me costara, sin importar lo difícil que fuera estar con él, si iba a ser su padrino, tenía que demostrar que quería serlo. Tenía que "ir hasta donde fuera necesario". Empecé a invitarlo a dar largas caminatas, a conciertos, a comidas nutritivas. En poco tiempo, dejé de sentir que fuera una carga para mí, y floreció una amistad genuina. Los monosílabos se convirtieron en oraciones y las oraciones, en conversaciones. Empezamos a reírnos, y mucho. Le sugerí que se comprara una bicicleta. Estaba muy entusiasmado con la nueva libertad que había descubierto: el ejercicio, que le generaba endorfinas. Yo estaba contento de ver cómo había dejado de ser un zombi color pergamino para convertirse en un tipo vital y bronceado. Todos han estado comentando lo bien que se ve.

En cierta forma, yo era el que estaba mentalmente enfermo, ya que me estaba privando a mí mismo de la gracia de Dios; la gracia que nos envuelve cuando entramos a una prisión a llevar el mensaje o cuando estrechamos la mano de un hombre que se agita en la cama en una habitación oscura y maloliente. Esa misma gracia envuelve en abundancia a los enfermos mentales.

El hecho de que estén medicados no significa que no sufran tanto como yo. El hecho de que su realidad parezca ser distinta a la mía, no significa que los Pasos no funcionarán para ellos. ¿Acaso estaba yo en sintonía con la realidad la primera vez que entré a este lugar?

Phil no solo ha mejorado como para hacer por segunda vez los Pasos Cuarto y Quinto, sino que se ha convertido en un experto del Décimo Paso. Está canalizando su enfermedad mental hacia la salud: escribe regularmente sus miedos y me los lee. Ha iniciado el camino, admitiendo dificultades y defectos que hasta hace unos meses negaba.

Pero seguimos siendo un borracho que habla con otro. Así que, ¿qué pasa si, cuando solo somos dos personas en la sala, hay tres o cuatro voces que claman a gritos ser reconocidas? Todos empezamos a sentirnos mejor.

Trabajar con Phil marcó una gran diferencia. Él me ha ayudado a atravesar lo peor de mi dolor. Por supuesto que algunos días es difícil. Siento lástima por haberme retirado del programa y por no ser capaz de superar esta enfermedad física, de minimizar mis defectos de carácter y de superarlos. Extraño a mi esposa y me siento tremendamente solo, pero nada de esto me duele tanto como antes. Y, si lo hace, ya sé qué hacer: tomo el teléfono y llamo a Phil.

DUANE T.
Hamilton, Ontario

SIN GARANTÍAS

El dolor de perder a un padrino o un apadrinado muy queridos

"Cuando parece que el amor no es suficiente, me recuerdo que es todo lo que tengo para dar, además de mi experiencia, fortaleza y esperanza. Para algunas personas, es posible que el amor no sea suficiente", escribe el autor de "Más allá de mi alcance" después de que uno de sus apadrinados decidiera empezar a beber de nuevo y muriera.

Y no siempre es el apadrinado el que recae. "No podía creer que el hombre que me había presentado un nuevo estilo de vida acompañándome a través de los Pasos hubiera bebido otra vez. Me sentí estafado y traicionado", dice el autor de "Cuando mi padrino bebió". "Al final, me di cuenta de que no había sido traicionado en absoluto. Más bien, había aprendido la importante lección de que ninguno de nosotros tiene garantizada una vida de sobriedad".

El lazo del apadrinamiento puede ser muy fuerte, y perder a un padrino o a un apadrinado querido, ya sea por la recaída en el alcohol o por la muerte, es muy doloroso. Estas historias muestran cómo usar el programa para manejar la pérdida y seguir viviendo sobrio.

Más allá de mi alcance
Mayo de 2009

Me encanta trabajar con gente joven, aunque recién alcancé la sobriedad a los cuarenta años. La forma en que supero mi arrepentimiento por haber pasado tantos años ebrio es a través de la ayuda que doy a otros para que estén (y se mantengan) sobrios antes de que desperdicien una gran parte de sus vidas. Tiene sentido para mí. Dios sigue poniendo a personas jóvenes en mi camino que me piden que las apadrine. Y sigo diciendo que sí. Parece funcionar la mayoría de las veces. Sin embargo, no puedo evitar preguntarme por muchos de quienes no he vuelto a tener noticias. Hasta ahora.

Un muchacho me había pedido que fuera su padrino cuando tenía diecinueve años. Era un caso prometedor y estaba progresando bien (de hecho, el panorama era muy alentador), hasta que un día me dijo que había decidido que él no tenía problemas con la bebida y que iba a dejar el programa. Mi alma se rompió en mil pedazos, porque ya había escuchado esa historia antes. Quizá él no lo supiera, pero yo sí. El Libro Grande dice: "No nos gusta declarar que una persona es alcohólica". No dice que uno no pueda o no sepa cómo hacerlo. Aunque, en este caso, yo no sabía.

No le dije que era un alcohólico. Hice lo único que se me ocurrió hacer. Le dije que me llamase, ebrio o sobrio, para mantenerme al tanto de cómo iban las cosas, que siempre me interesaría por él y que yo estaría allí cuando él quisiera volver a bajarse del ascensor al infierno. Le dije que recordara buscarme si él quería que lo ayudara.

Seis meses después, fui a su funeral. Murió en un accidente por conducir ebrio. Su familia estaba destrozada. Yo estaba abatido. Las preguntas daban vueltas en mi cabeza como un tornado:

¿Había hecho todo lo que podía? ¿Debería haberlo llamado en vez de esperar que me llamara? ¿Debería haber contactado a su familia? ¿Por qué se llevaría Dios a un muchacho de veinte años cuando a mí me había dejado beber durante veinticinco años? Luego recordé algo que me dijo mi primer padrino: "Tú no puedes hacer que otros recuperen la sobriedad", me dijo, "eso lo hace Dios. Tu única tarea es estar disponible para que Dios te use como una extensión". Eso ayudó, pero no fue suficiente. Este caso me había golpeado en lo más personal.

Guardé su obituario y lo hice plastificar. Lo mantuve en un lugar destacado para no olvidarme de lo fácil que es volver a subirse al ascensor; lo fácil que es creer que uno podrá mantener el control y bajar unos pisos cuando quiera. Sería bueno recordar que algunos ascensores son defectuosos; que sus cables pueden cortarse y los frenos pueden fallar, y puede que sea imposible salvarse. Podría desplomarme rápidamente hacia la muerte sin un solo Paso a mi alcance.

Quiero recordar esto, especialmente cuando alguien que conozco decide salirse del programa. Quiero que él sepa que yo estaré aquí, pero que quizá él no tenga otra oportunidad de volver; que ese primer trago podría ser el último. Quiero amarlo lo suficiente como para marcarle en la memoria el mensaje y tal vez, con suerte, ayudarlo a cambiar de opinión. Quiero mostrarle el amor que he recibido, porque es a través del amor que empezamos a sanarnos.

Cuando parece que el amor no es suficiente, me recuerdo que es todo lo que tengo para dar, además de mi experiencia, fortaleza y esperanza. Para algunas personas, es posible que el amor no sea suficiente. Espero que la historia sobre Jimmy lo sea. Espero que mi apadrinado no haya muerto en vano.

MARK E.
Lansing, Michigan

Cuando mi padrino bebió

Febrero de 2009

Como muchas lecciones sobre la sobriedad, poner a las personas de A.A. en pedestales es algo cuyas implicaciones no comprendí inicialmente. Había estado situando a los alcohólicos en recuperación en un pedestal incluso desde antes de mi ingreso a A.A. Mi papá, por ejemplo, había estado sobrio doce años antes de que yo entrara al programa y, considerando su horrible batalla contra el alcohol antes de ingresar a A.A., yo estaba seguro de que él era un milagro viviente.

Mi propia sobriedad comenzó varios años más tarde, después de muchos problemas físicos, emocionales, espirituales y legales con el alcohol. En ese punto, me sugirieron que buscara un padrino que hubiera transitado los Pasos y viviera el tipo de vida que yo quería vivir. Encontré a alguien que parecía cumplir ese papel, y pronto comenzamos un diálogo diario que hizo que me guiara a través de cada uno de los Doce Pasos.

Las semanas se convirtieron en meses mientras nos veíamos regularmente en las reuniones, repasábamos capítulos del libro y viajábamos a diversas funciones de A.A. por todo el estado. Escuchaba atentamente su énfasis en la oración y la gratitud mientras creaba mi propia base y realizaba mi inventario personal. Completé el Quinto Paso con él y continué hasta pasar por los Pasos Octavo y Noveno gracias a los consejos desinteresados de este hombre a quien yo respetaba profundamente y no me cansaba de elogiar.

Mi padrino y yo nos reuníamos semanalmente mientras yo empezaba a hacer un inventario diario en mi sobriedad y lo escuchaba describir su propia experiencia con la meditación. Al llegar al Duodécimo Paso, mi padrino me pidió que mirara retrospectivamente el camino que habíamos recorrido juntos y que ahora brindara a otros lo que había recibido.

Estaba con muchas ganas de transmitir el mensaje respecto de la sobriedad, y además deseoso de abordar a los recién llegados. Empecé a trabajar estrechamente con otros hombres que eran nuevos en A.A., mientras me empezaba a ocupar de otras áreas de mi vida.

Fue entonces cuando descubrí que mi padrino había vuelto a beber.

Me quedé estupefacto. No podía creer que el hombre que me había presentado un nuevo estilo de vida acompañándome a través de los Pasos hubiera bebido otra vez. Me sentí engañado y traicionado. Había visto a otras personas volver a la bebida después de entrar al programa, pero en el caso de mi padrino, me sentí personalmente lleno de frustración y ofuscación.

Después de hablar con otras personas, me hicieron ver que la sobriedad no está garantizada de por vida, y me dijeron que leyera la página ochenta y cinco del Libro Grande, que habla de la suspensión diaria del alcoholismo, y de cómo mantener el estado espiritual de un alcohólico es un trabajo diario.

Al final, me di cuenta de que no había sido traicionado en absoluto. En cambio, había aprendido la importante lección de que ninguno de nosotros tiene garantizada una vida en sobriedad y que, además, poner a alguien en un pedestal puede ser peligroso, tanto para mí como para el alcohólico a quien admiro.

Han pasado más de tres años desde este hecho, y he intentado continuar agradecido por cada día que paso sobrio, al usar los increíbles principios de A.A. que me enseñó mi padrino el primer año de sobriedad.

DAVID J.
Grand Rapids, Michigan

Cada segundo cuenta

Febrero de 1998

He querido a todas las muchachas que amadriné y siempre aprendí valiosas lecciones de cada una de ellas, aunque ninguna más obvia que la que aprendí de una mujer llamada Rose. Nacida en Italia y católica, Rose era de naturaleza cálida y sociable y alcanzó la sobriedad a los cincuenta años. La conocí recién salida de rehabilitación y me pidió que fuera su madrina. Era obvio que había dado el Primer Paso, y con rapidez hicimos los dos siguientes. Ella estaba tan ansiosa por seguir adelante, que hablamos de encarar su Cuarto Paso. Al día siguiente me llamó y nos reunimos para almorzar. "¿Lo estoy haciendo bien?", me preguntó mientras sacaba de su cartera una hoja de papel escrita a mano.

Me leyó lo que había escrito. Su inicio había sido excelente. "¿Cuándo hiciste todo esto?", le pregunté. "Creí que habías tenido un día muy largo ayer en el trabajo".

"Lo tuve", me dijo, "pero esto era importante así que trabajé en esta tarea en vez de cenar".

Yo estaba impresionada. En su inventario había cubierto gran parte de su niñez y sus primeros años en la escuela. Le expliqué que también era importante que descansara y comiera bien, ya que tenía que estar alerta en el trabajo (era anestesista).

Pero no hubo forma de hacerla ir más lenta. Me llamó unas cuantas veces más para ir a reuniones a la hora del almuerzo y en poco tiempo habíamos transitado el Quinto Paso y estábamos trabajando en los defectos de personalidad que habían surgido en el Cuarto Paso. Me maravillaba y al tiempo me intimidaba su empeño de abarcar lo máximo del programa de A.A., pero yo también soy obstinada, y sentía que su crecimiento me impulsaba. Rose resplandecía. Su éxito con el programa estaba asegurado, sin duda. Cuando compartíamos en las reuniones, era como estar escuchando a una verdadera veterana. Ella decía que era por toda la terapia que había hecho durante tantos años. Nos divertimos planificando sus Pasos Octavo y Noveno.

Luego, un día, ella anunció que tenía un nuevo padrino, un sacerdote. Necesitaba avanzar espiritualmente y quería algo más que yo no podía darle. Al principio me sentí destrozada, pero después de hablarlo con mi esposo (mi padrino en momentos de crisis extremas), me di cuenta de que no había nada que yo pudiera para cambiar la decisión de Rose. Aparentaba aceptar pero por dentro me sentía furiosa hasta que comprendí que no podía amadrinar a todos los que quería y tenía otras amadrinadas que me necesitaban.

En las reuniones donde Rose y yo coincidimos, observé un cambio en ella. Su belleza y paz interior parecían reflejarse constantemente en su rostro. Comenzó a amadrinar a otras personas. Sus hijos se mudaron a la ciudad solo para estar cerca de ella y uno ingresó voluntariamente a un programa de recuperación. Su trabajo adquirió una nueva dimensión. En poco tiempo, ella se convirtió en un caso emblemático de A.A.; todo esto en el transcurso de dieciocho meses y, en su mayor parte, sin mi ayuda.

Esto me producía cierto enojo. Mi propio hijo todavía andaba haciendo de las suyas. Mis finanzas eran un desastre. "¿Por qué, Dios?", pregunté. "¿Por qué no tengo lo mismo que Rose? He estado trabajando cinco años más que ella en estas cosas y me he esforzado al máximo con los Pasos". No obtuve respuesta.

Pero sabía que mis oraciones estaban teñidas de envidia, así que empecé a orar por Rose como lo había hecho por otras personas por las que sentía cierto resentimiento.

Entonces, un día sonó el teléfono y era una amiga mía de la Hermandad, que era enfermera en una unidad de terapia intensiva. "Pensé que querrías saber que Rose está aquí; se está muriendo. Sufrió un derrame cerebral masivo en el trabajo hace aproximadamente una hora. Sus hijos están aquí. No lo puedo creer", me dijo.

Me senté, estupefacta, junto al teléfono. Me di cuenta de que Rose había recibido lo que necesitaba cuando lo necesitaba. Hizo un curso acelerado en A.A. porque no le quedaba mucho tiempo para adquirir años y años de experiencia. Ofrecí un elogio en su funeral y le dije un adiós final a mi amiga. También le dije adiós a la envidia, incluso a la de cosas espirituales.

MINDY S.
LaBelle, Florida

Un apadrinado firme (Tomado de Dear Grapevine)
Septiembre de 2007

He estado sobrio durante más de veinte años. Llegué a A.A. después de tocar fondo; o, al menos, así lo sentí. Al cumplir dieciocho años de sobriedad, tuve una grave depresión.

La pérdida de mi trabajo y mi matrimonio casi me desbordó. Mis sentimientos estaban muy heridos y dejé de ir a las reuniones. También despedí a mi padrino y a mis apadrinados.

Les indiqué a mis apadrinados quiénes podrían ser buenos padrinos para ellos. Uno de mis apadrinados, sin embargo, no parecía hacer el menor esfuerzo en buscar a otro padrino, así que un día le pregunté si tenía a alguien más en mente. Me miró y me dijo: "No voy a buscar a otro padrino. Estoy esperando que te reorganices y vuelvas a terminar el trabajo que empezaste".

Bueno, esa ciertamente fue una experiencia aleccionadora para este borracho. Me hizo ver que no hay amor más grande que el que un alcohólico siente por otro.

BRIAN B.
Astoria, Oregón

Un último deseo
Diciembre de 2000

Cuando bebía era una persona muy solitaria y hacía lo que quería sin seguir ninguna regla ni convención. Mantuve este estilo de vida incluso al iniciar mi sobriedad. En consecuencia, estuve tres años sobria antes de decidirme a trabajar en los Pasos.

Para cuando llegué al Quinto Paso, me di cuenta de que ya no era posible seguir sin un padrino. Pero, ¿quién podría ser? Había pasado tanto tiempo de mi vida como un lobo solitario que no podía imaginarme pidiéndole a alguien que fuera mi padrino; ni mucho menos admitir a alguien mis defectos.

Busqué en mi grupo base un hombre o una mujer con quien pudiera sentirme lo suficientemente cómoda como para poder hablar sinceramente. Aún me costaba mucho pedir ayuda y comunicarme. Una noche, decidí pedirle a Ben que fuera mi padrino y me ayudara con el Quinto Paso. Ben parecía tener la dosis justa de comprensión, calidez y humor que yo buscaba.

Aceptó ayudarme con mi Quinto Paso y ser mi padrino al menos temporalmente. Más tarde en la reunión, Ben fue llamado para compartir su experiencia.

Al hablar, mencionó algo sobre su estado de salud que yo no sabía: a Ben le habían diagnosticado SIDA. Mi primer pensamiento fue: "El pobre Ben tiene una terrible enfermedad y como si no fuera suficiente espero su ayuda. Quizá yo debería ayudarlo a él". Aún no había aprendido el principio: "El servicio es en sí mismo la recompensa". Pronto comprendí que Ben era capaz de ayudarse mucho a sí mismo gracias a su constante servicio a los demás.

Después de admitir la naturaleza exacta de mis defectos ante mi Poder Superior, hice una cita para hablar sobre esto con Ben. Y de allí en adelante continué con los Pasos de A.A.

Al año siguiente, Ben me regaló una torta por mis cuatro años en el programa y mi vida como parte de éste siguió creciendo. Llegué a confiar en la fortaleza de Ben, así como en la mía y en la de otras personas. Ocho meses después, recibí una llamada acerca de Ben: su salud había empeorado en un giro rápido e inesperado. Al día siguiente, después del trabajo, me dirigí al hospital. Desde su cama y muy debilitado, Ben me preguntó cómo me iba con los objetivos del programa. Estaba realmente interesado. Aunque diez días después falleció, siempre estuvo presente la firme esperanza que Ben tenía en sus apadrinados y en todos los otros miembros.

Durante la primera semana después de la muerte de mi padrino, solo sentí tristeza y confusión. Luego, con la ayuda de otros, recordé que todo lo que Ben deseaba para mi era que continuara feliz en el programa. A través de su ejemplo, aprendo a vivir la vida con más profundidad y a disfrutarla "un día a la vez".

ANÓNIMO
Vancouver, Columbia Británica

Pequeña vagabunda
Marzo de 1993

Cansada de intentar sobrevivir, físicamente descompuesta por mi última borrachera, y tan pobre que en pleno invierno estaba viviendo en mi automóvil, llegué a mi primera reunión de Alcohólicos Anónimos. La sala estaba cálida, el café caliente y era gratis, y yo estaba muerta de miedo. Encontré un cuarto lleno de personas que hablaban al mismo tiempo, se reían y se abrazaban. Mi primer pensamiento fue que quizá no se veían unos a otros muy seguido.

Mientras intentaba dirigirme a una esquina (para pasar inadvertida), una mujer se me acercó. Dijo su nombre y preguntó el mío. Yo estaba tan asustada que le dije uno de mis apodos. Ella contestó: "Eres el despojo humano más patético que he visto en mi vida, así que ven a sentarte conmigo". Tenía demasiado miedo para negarme. "Cuando pregunten por los recién llegados, tú párate y diles quién eres y lo que eres", dijo. Cuando le pregunté: "¿Y qué soy?", sugirió que me describiera como "alcohólica" hasta que pudiéramos averiguarlo.

Así se inició mi relación con Dessie, mi primera madrina. Después de tres meses de no beber, ir a las reuniones y compartir algo de mi vida con ella, finalmente le dije mi nombre real. Ella se rió y dijo que como yo me llamara a mí misma no tenía ninguna importancia, y que desde aquel día, ella me llamaría su "Pequeña vagabunda", dado que viajar en trenes de carga había sido parte de mi historia.

A los seis meses tuve un desliz, y ella estuvo allí inmediatamente para llevarme de vuelta a las reuniones. Dijo que nunca se avergonzó de mí ni de las cosas que yo había hecho o continuaba haciendo. Cada vez que le preguntaba por qué me seguía queriendo, ella siempre contestaba: "Es el trabajo que Dios me dio".

Durante mi segundo intento de mantenerme sobria, ella me ayudó a volver a la universidad. Estuvo a mi lado cuando mi madre murió en marzo, y lloró de alegría cuando recibí el título de Licenciada en Enfermería, en mayo. Fue entonces cuando la tragedia golpeó a mi puerta.

Apenas ocho días después de mi graduación, junto con otros dos compañeros, llevábamos a alguien nuevo a una reunión, cuando un camión de carga nos atropelló. Mi estado era tan crítico que el único médico que aceptó ocuparse de mí residía en la ciudad natal de mi madrina.

Y una vez más, ella estuvo a mi lado cuando más la necesitaba. Durante los nueve meses que estuve internada vino a visitarme todos los días. Mi cara quedó destruida y se necesitaron muchas cirugías para reconstruirla. Seis meses después del accidente, los médicos me dijeron que no podría volver a ejercer la enfermería debido al daño físico.

Hice planes para la que sería mi última borrachera. Salí del hospital con permiso de fin de semana media hora antes de que mi madrina viniera a buscarme. Cuando me encontró, yo llevaba varias horas bebiendo. Me llevó a su casa y luego a una reunión. Cuando le dije lo mucho que estaba sufriendo, me contestó con unas palabras que nunca más olvidé: "¡Bien! Espero que sufras como un demonio, porque si te duele lo suficiente, nunca más volverás a hacerlo". Esa fue la última vez que bebí: el dieciséis de noviembre de 1982.

En febrero de 1983, mi madrina vino a mi casa una mañana para tomar un café y charlar. Dijo que quería decirme en persona que los médicos le habían diagnosticado cáncer e iban a operarla. Yo me enojé con Dios y ella me dijo: "El cáncer no me lo causó Dios. Simplemente es parte de la vida. Además, Él solo nos concedió la una a la otra en préstamo por un tiempo".

Los siguientes nueve meses fueron una serie de cirugías, quimioterapia, y muchos días y noches en el corredor de la UCI esperando verla aunque fuera unos minutos. Fui a más reuniones en ese tiempo que en cualquier otro período de mi sobriedad.

Dos días antes de celebrar mi primer año de sobriedad, la esperaba sentada fuera de el Centro Médico de la Universidad de California cuando salió su esposo. "Dessie y yo hemos estado hablando y acordamos que entres y te quedes con ella. Ya nos hemos despedido, y ahora ella desea estar con su 'Pequeña vagabunda'".

Pude estar con ella durante los siguientes tres días hasta que falleció. Incluso ahora, me resulta muy difícil escribir estas palabras y me duele tanto que no puedo parar de llorar.

El amor incondicional que me dio mi madrina aún vive en mi corazón. A las mujeres que tengo el honor de amadrinar les transmito las muchas cosas que ella me enseñó, y así no se rompe el círculo.

REGINA M.
N. Charleston, Carolina del Sur

No todos logran regresar (Tomado de Dear Grapevine)
Octubre de 2009

M uchas gracias por "Más allá de mi alcance", escrito por un padrino cuyo joven apadrinado recayó y perdió la vida en un accidente por conducir ebrio.

Yo también amadrino a personas jóvenes. Una de mis amadrinadas se me acercó y confesó que había recaído, incluso después de que habláramos una y otra vez sobre personas, lugares y cosas del pasado. Ella recalcó que era joven y que podría volver al programa en cualquier momento.

En ese instante me acordé del artículo. Fui a buscar mi copia, se la entregué y le pedí que la leyera.

Después, le entregué un bolígrafo y un papel para que escribiera en sus propias palabras lo que quería que les dijese a su familia, amigos y colegas de A.A. si no lograba regresar al programa. Le expliqué que todos iban a querer saber por qué, y yo no iba a estar ahí sin su repuesta.

Después de mucho hablar, ella ahora comprende que tener una madrina significa más que confesarse después del hecho. El artículo nos abrió los ojos a ambas. Nuestros teléfonos ahora funcionan en ambas direcciones, la mayoría de los días.

MISS KAY
Murray, Kansas

Un amadrinamiento estricto (Fragmento)
Noviembre de 2008

Y o sostenía la mano de Ruby Ann cuando dio su último suspiro. Estaba en un asilo en Misisipi, su estado natal. Se había mudado a Misisipi un año antes para resolver su herencia, aunque no le quedaban familiares ni amigos allí. A los cuatro meses de su estadía, le diagnosticaron cáncer terminal. Volé desde California para estar con ella unas semanas y ayudarla con lo que necesitara. Después viajé unas cinco veces más para estar con ella, y cada vez que iba me quedaba una o dos semanas. Un día, con mucho dolor y lágrimas en los ojos, tuve que llevarla a una residencia de ancianos. Solo duró allí dieciséis días.

Ella fue mi primera madrina, era una persona rígida y decidida, pero también de una dulzura exquisita. Cuando llevaba dos años y medio sobria, realicé con ella el Quinto Paso de manera rigurosa. Cuando terminé, me miró, sonrió y dijo: "¿Sabes? No fuiste tan buena en tu papel de mala". Esto fue pronunciado por una mujer canosa de apenas cinco pies de altura, que en un momento me había retado a ver hasta dónde estaba dispuesta para mantenerme sobria.

Las cartas que nos escribimos son como joyas. Aún las conservo. Guardo un libro entero con los "dichos importantes" de las cartas que Ruby Ann me escribió, y lo leo periódicamente como inspiración. Incluso al final, el dolor que le causaba el cáncer le hizo decir: "El dolor te hace más amargo o más amoroso; depende de qué tan cerca te encuentres de Dios".

El día que dio su último suspiro, encendí una vela de jazmín al lado de su cama y sostuve su mano, mientras cantaba una y otra vez "Nearer My God to Thee" (Más cerca de ti, Señor) mientras las lágrimas rodaban por mis mejillas. Todas esas emociones guardaban el amor incondicional que ella trajo a mi vida, por las personas y por la humanidad.

Por último, dijo: "¡No tenemos idea de lo sumamente afortunados que somos! Pudimos llegar a A.A. antes de que destruyeramos completamente nuestra capacidad para adaptarnos. ¡Uf! Nos salvamos por un pelo. ¡Dios mío, Dios mío, qué afortunados que somos!"

HELEN W.
Napa, California

REFUGIO

La recuperación, con la ayuda de padrinos tanto dentro como fuera de los muros de la prisión

((| as personas y los grupos no deben y no pueden perder de vista la importancia del apadrinamiento, la importancia de interesarse por un alcohólico que está preso, y que desea dejar de beber y lograr la sobriedad mental", escribe un A.A. encarcelado en el artículo "Un miembro preso da algunas valiosas sugerencias sobre qué hacer y qué no". "El apadrinamiento realizado por un miembro más antiguo puede significar mucho para una persona en prisión".

Para algunos, fue el trabajo que hicieron con sus padrinos antes de ir a la cárcel lo que significó la diferencia. "Estuve cinco meses sobrio y trabajando en el Noveno Paso cuando descubrí que probablemente iría a prisión", cuenta el autor de "Alguien a quien ayudar". "Mi padrino me dijo: 'Quizá Dios necesite que ayudes a alguien en prisión'".

"No sé si he encontrado a la persona que Dios quiere que ayude, pero con todas las que conozco comparto mi experiencia, fortaleza y esperanza".

Las historias de este capítulo son acerca de cómo encontrar un padrino en prisión o cómo apadrinar a alguien que está encarcelado. Lea sobre cómo este tipo particular de experiencia de A.A. los ayudó a recuperarse.

Alguien a quien ayudar

Julio de 2009

Parecía que, sin importar lo que hiciera para dejar de beber, nada funcionaba. Había estado sobrio antes, había pasado por los Pasos, rehabilitaciones, cárceles, reuniones. Entonces le pedí a alguien que me apadrinara. Sabía que el trabajo con los Pasos vendría después de que él aceptara, si es que lo hacía.

Dios tenía el padrino perfecto para mí; solo que yo todavía no le había preguntado. Mi padrino dijo que A.A. no es para los que lo necesitan ni para los que lo quieren: es para quienes están dispuestos a hacer el trabajo necesario para lograrlo. Él dijo: "Si estás dispuesto a trabajar en los Pasos, ir a las reuniones y hacer parte de un grupo base, te apadrinaré". Realmente no creía que realizar los Pasos con un padrino cambiaría mi vida y mi perspectiva, o que encendería en mí una pasión como lo hizo. Él me describió el Libro Grande y los Pasos de manera sencilla, como nadie lo había hecho antes. Yo estaba haciendo lo mejor que podía haber hecho en años: entregarle mi vida a Dios.

Aunque, en cierto modo, ya había escuchado todo esto antes. Es alucinante. Primero, me explicó el motivo por el que se publicó el Libro Grande: para que un alcohólico obtenga el poder suficiente para dejar de beber. Eso era bastante intenso para un tipo como yo, sin hogar, que asistía a las reuniones pero no podía parar de tomar. Y me golpeó como una tonelada de ladrillos.

En segundo lugar, me enseñó a "transmitir el milagro". Mi padrino me hizo dar los Pasos, uno tras otro sin interrupción, del mismo modo que el Dr. Bob lo había hecho con sus apadrinados. Entonces sucedió algo increíble: llevaba cinco meses sobrio y estaba trabajando en el Noveno Paso, cuando descubrí que probablemente iría a prisión. Al principio, mi abogado me dijo que no me preocupara en absoluto. Las cosas cambian rápido. Luego añadió: "Quizá Dios necesite que ayudes a alguien en prisión". Hace ya diez meses que estoy en prisión, y aún me apasiona A.A. y también los Pasos de Alcohólicos Anónimos. No sé si he encontrado a la persona que Dios quiere que ayude, pero con todas las que conozco comparto mi experiencia, fortaleza y esperanza. En diciembre, si Dios quiere, fuera de la cárcel veré a mis amigos de A.A. Si no hubiera trabajado en los Pasos con mi padrino antes de venir aquí, quién sabe dónde habría ido a parar mi vida.

DIRK S.
Perry, Florida

Una sonrisa para compartir
Julio de 2006

En 1997, fui sentenciada a un período de entre doce y quince años de prisión como resultado directo de mi alcoholismo. La ingobernabilidad de mi vida era horrible. Había perdido toda esperanza y estaba tan abatida que nunca pensé que mi vida pudiera ser diferente. Quería un cambio pero no sabía qué necesitaba.

Empecé a beber cuando tenía doce años. El alcohol llenaba un vacío en mi interior y me daba valentía para encajar en la sociedad, pero generaba caos y tuvo serias consecuencias en mi vida. Lo normal y familiar para mí era terminar en cárceles e instituciones. Era normal mentir, engañar y robar.

Perdí a mi familia y a mis hijos, y usé y maltraté a mis amigos. Estuve al borde de la muerte más veces de las que puedo contar. Estaba desesperada por morir, pero algo no me dejaba comprender. Incluso después de estar en prisión durante cuatro años y medio, todavía no estaba convencida de que mi problema fuera la bebida. Llena de resentimiento, pensaba que ¡todo esto era culpa del juez!

Solo después de que la enfermedad del alcoholismo golpeó a alguien que amaba, me sentí dispuesta a cambiar mi vida. Ese al-

guien era mi hijo, que casi muere en un accidente de automóvil por
conducir ebrio. Finalmente, se me encendió la bombilla. Mi hijo
estaba en un hospital en algún lugar, y yo en prisión, encerrada y
no disponible.

Empecé a ir a reuniones en la cárcel. Me llamó la atención algo
sobre los padrinos y madrinas que venían de fuera. Sonreían e irra-
diaban una paz que yo solo soñaba con tener. También deseaba poder sonreír en serio y conocer la paz. Pero tenía un miedo atroz.
Iba a las reuniones, me sentaba en un rincón en silencio. Deseaba
conectarme, pero mi vergüenza, culpa y baja autoestima no me lo
permitían.

Una de las madrinas inició el contacto conmigo. Cada vez que
venía a las reuniones, se sentaba a mi lado. Pasaba tiempo conver-
sando conmigo después de las reuniones. Empecé a sentir cierta
confianza. Había pasado tanto tiempo desde que alguien con una
vida ordenada quisiera pasar tiempo conmigo, que finalmente me
animé a hacerle la gran pregunta: ¿Aceptaría ser mi madrina? "Creí
que nunca me lo ibas a pedir", dijo. Trabajamos en los Pasos Uno al
Tres. Yo estaba dispuesta a hacer todo lo que ella me sugiriese.

Me trasladaron a otra unidad carcelaria. Aunque seguía llena de
miedo, sabía que A.A. estaba funcionando en mi vida. Había admitido que no podía beber alcohol de manera controlada. Y llegué
a creer que algo mucho más poderoso que yo podría devolverme
el sano juicio. Tenía un poco de esperanza y decidí dejar que Dios
manejara mi vida. Encontré las salas de A.A. en la nueva unidad
donde me alojaron. Solamente una madrina vino del exterior de la
prisión, y estaba ocupada con otras amadrinadas.

Yo estaba decidida a completar los Pasos. Trabajé en mi Cuarto
Paso sola, con Dios y el Libro Grande. Escribí durante meses y meses hasta que sentí que estaba lista para el Quinto Paso. Aunque
todavía no encontraba a una madrina, tenía acceso a los consejeros
que trabajan aquí. Le pregunté a una si conocía a alguien con quien
yo pudiera hacer mi Quinto Paso. La consejera me puso en contacto con una de sus amigas, que casualmente estaba en A.A. Yo ya

había decidido que había un par de cosas que nunca le contaría a ella ni a nadie. No creía que alguien pudiese entenderlo. Después de contarle mis secretos más profundos y oscuros, planeaba no volver a verla nunca más. Mi intención era contarle lo que no era tan doloroso y conservar el resto guardado en mi interior; no me daba cuenta de que eso seguiría manteniéndome enferma.

Pero mi Poder Superior tenía otros planes. Ese día puse todo sobre la mesa. Estuvimos en una pequeña oficina durante horas revisando mis asuntos. Fue la experiencia más extraordinaria que he tenido jamás.

Esta mujer que planeaba no volver a ver nunca más se convirtió en mi madrina. Trabajó conmigo durante dos años, estudiando los Pasos, llevándome a reuniones fuera de la cárcel, a su grupo base, a talleres de A.A., y a convenciones. Desde el comienzo, sugirió que nos sentáramos en la primera fila en las reuniones, que yo compartiera en cada reunión, y que después de las reuniones me acercase a las mujeres, les diera la mano y me presentara. Fue difícil hacer lo que ella sugería, pero lo hice, y hoy le estoy muy agradecida. ¡Hice tantas amigas en A.A. que me aceptan y me reciben con los brazos abiertos! Ellas me quisieron hasta que yo fui capaz de quererme a mí misma.

Estoy agradecida por todas las madrinas que he tenido en A.A. Todas me han llevado a diferentes niveles. Me enseñaron sobre la vida real y a vivir. Fueron Libros Grandes ambulantes.

He superado la mayoría de mis resentimientos. Hoy no culpo al juez por mis acciones. Hoy tengo esperanza y una increíble relación con mi Poder Superior. He obtenido una licencia en cosmetología y trabajo en un maravilloso salón a través de un programa de reinserción laboral bajo la libertad condicional. Han reducido cuatro años de mi sentencia.

Hoy en día, la mayor parte de mi familia está de nuevo en mi vida. Cuando voy a casa con mis permisos de cada mes, mi padre me dice que me ama y me abre las puertas de su casa. Siempre que me someto a la prueba de alcoholemia aquí en la unidad, el alcoholímetro arroja un resultado de 0.00. Estos son todos milagros para alguien que era una alcohólica sin hogar y sin esperanzas.

Algunos días creí no poder hacerlo; el dolor era demasiado grande. Ahora sé que los dolores eran los dolores del crecimiento. Hoy, las dos cosas más importantes en mi recuperación son la voluntad y la acción.

Amadrino a mujeres en la unidad y devuelvo lo que se me ha dado incondicionalmente. Hoy le puedo ofrecer mi sonrisa a otros alcohólicos.

JOAN H.

Raleigh, Carolina del Norte

Desde adentro hacia fuera (Fragmento)
Julio de 2003

Fui sentenciado a cien años en una prisión de máxima seguridad. Sin esperanzas y desesperado, no tenía ningún futuro que valiera la pena más que pasar incontables años viendo cómo la vida se me iba.

Se suponía que yo tenía potencial, un futuro, una carrera, un lugar en la sociedad. Pero mis ansiedades, resentimientos y defectos siempre me sabotearon. Intenté llenar ese agujero en mi alma recurriendo a muchas cosas, incluyendo el alcohol, que me llevó al crimen y a la cárcel. Creí que no había ninguna salida para mí, ni ningún motivo para seguir buscándola. Entonces me presentaron el programa de Alcohólicos Anónimos en prisión, y mi vida empezó a cambiar desde adentro hacia fuera. ¿Qué podría ofrecerme un programa de recuperación?

Inmediatamente sentí el espíritu de entusiasmo y camaradería en las salas de A.A. Para mí, las reuniones eran un refugio del ambiente deprimente de la prisión. Solo sabía que en las reuniones me sentía mejor, y eso hizo que siguiera yendo. Jim, un voluntario de A.A., se convirtió en mi padrino.

Yo estaba absorto en el proceso de ayudar a otros cuando me llegó una oportunidad de liberación. Había pasado casi once años tras las rejas hasta ese momento, y tenía una calidad de vida que superaba ampliamente la de cualquiera otra época en mi vida. El intentar vivir un día a la vez, conforme a los principios espirituales; el mantenerme en estrecha conexión con la Hermandad de A.A.; y el mantener una relación de confianza con Dios y con mi padrino, me habían permitido atravesar mi encierro, ¡y ahora tenía una segunda oportunidad de conseguir mi libertad! Recuerdo que un orador de A.A. me decía que, cuando Dios tiene un trabajo para ti, los muros se caen. Mi padrino y A.A. me enseñaron que, cuando el sistema te cierra una puerta en la cara, Dios abre una ventana. Tras nueve rechazos a mi pedido de libertad condicional, había tomado la siguiente postura: tratar de minimizar mis expectativas para poder maximizar mi aceptación y serenidad.

El Viernes Santo de 2002 fui liberado. Mi padrino estaba esperándome en el estacionamiento. Habíamos hablado antes sobre la importancia de meterme de lleno en el programa apenas pusiera un pie afuera. A los veinte minutos de haber salido de prisión, allí estaba, haciendo mi primera parada en sociedad en el Alano Club y, después de eso, en el Serenity Center (dos clubes de A.A. en la zona). Después, mi padrino me llevó a la casa de recuperación donde vivo ahora. Esa tarde como un hombre libre asistí al grupo ABC, mi primera reunión en A.A. Dos días después, celebré el Domingo de Pascua en la casa de mi padrino con su familia. Estoy seguro de que ese día no había en todo Maryland dos personas más felices y más agradecidas que nosotros dos.

Mis dos años en A.A. me enseñaron que el apadrinamiento, los Pasos y el prestar servicio son las acciones fundamentales para mantener mi sobriedad. Algún día, espero llevar el legado de amor y servicio de nuevo a una prisión, para devolver lo que tan generosamente recibí.

J.K.
Baltimore, Maryland

Mi padrino lo tomó con tranquilidad
Julio de 1973

Todavía no he ido nunca a una reunión de A.A., pero aún así soy miembro, dado que en los Doce Pasos y Doce Tradiciones dice que todo lo que debo hacer es declararlo. Espero poder asistir cuando el juez le permita a mis padrinos llevarme. Sí, estoy encarcelado.

Antes de que esto sucediera, Don me invitó a ir a las reuniones varias veces o incluso a que fuera a tomar un café a su oficina. Pero yo estaba demasiado ocupado. ¿Cómo podía desperdiciar tiempo y gastar gasolina yendo a reuniones por todo el país? ¿Y cómo, al mismo tiempo, iba a poder ahorrar suficiente dinero para emborracharme por una semana o diez días o más cada vez? ¡Yo tenía responsabilidades!

Poco después de los esfuerzos de Don, fui enjuiciado por conducir bajo la influencia del alcohol. De camino al tribunal, recibí otra citación por el mismo motivo. Phil me contactó en prisión, y aunque me tenía arrinconado, no me presionó. Mi personalidad agresiva se hubiera sublevado. Ya bastante difícil resulta a veces llevar una mula hasta el agua; más aún hacerla beber o que no beba.

Phil me trajo la literatura de A.A. que necesitaba: el Libro Grande, los Doce Pasos y Doce Tradiciones, números anteriores de Grapevine, y otras lecturas; pareció dar por sentado que tenía suficiente materia gris para asimilar algo de todo eso. También me trajo algunas otras cosas que necesitaba, y siempre estaba dispuesto a conversar, cada vez que quisiera hacerlo. Por supuesto, todo esto no era fácil para él. Pero no me dio ningún sermón ni me pidió ninguna decisión inmediata. Él sabía que yo necesitaba tiempo para comprender que mi suprema capacidad de resolución de problemas no siempre funcionaba.

Su actitud de ir con calma dio buen resultado conmigo. Al menos, he incorporado algunas cositas. La prueba real vendrá cuando me encuentre con amigos y una botella enfrente, pero también están creciendo en mí las raíces de la abstinencia: mi fe en A.A. y, sobre todo, en un Poder Superior, que para mí es el que hace que todas las cosas se sincronicen para el bienestar de los que amamos a Dios.

Quiero decir con estas palabras de infinita sabiduría que un novato conoce solo una fracción de lo que la experiencia les ha enseñado a los veteranos, pues todos somos diferentes y algunos de nosotros podemos plantarnos, enojarnos y resistirnos si sospechamos que nos están llevando hacia un compromiso. Ser terco como una mula no es apropiado ni razonable; pero es una de mis cualidades poco envidiables que contribuyeron a convertirme en alcohólico.

C. B.
Waldport, Oregón

Un miembro preso da algunas valiosas sugerencias sobre qué hacer y qué no (Fragmento)
Mayo de 1961

La mayoría de los miembros de Alcohólicos Anónimos le deben su sobriedad al hecho de que alguien se interesó en ellos y estuvo dispuesto a compartir un gran regalo. El apadrinamiento de un miembro más antiguo puede significar mucho para una persona que está en la prisión, especialmente para el recién llegado que recurre a A.A. para obtener ayuda.

Las personas y los grupos no deben y no pueden perder de vista la importancia del apadrinamiento, la importancia de interesarse por un alcohólico que está preso, y que desea dejar de beber y lograr la sobriedad mental.

Aquellos que aceptan y realizan el trabajo de apadrinamiento pueden y serán bien recibidos por el alcohólico que está tras las rejas, y ese trabajo además los ayudará a crecer a nivel personal. También crea y aumenta la satisfacción que genera ayudar a otros en una actividad inspiradora.

Quien sea ajeno al mundo carcelario y se pregunte: "¿Qué hace un padrino ahí?", solo necesita recordar lo que A.A. hizo por él. El preso espera un padrino sincero, uno que realmente desee ayudar y pueda servir como ejemplo; desea recibir aliento, tanto de viva voz como por escrito; desea estar plenamente convencido y necesita que le recuerden mantener la mente abierta. ¿Recuerda usted a su padrino y todo lo que éste le decía?

La experiencia de los padrinos individuales y de los grupos ha demostrado en forma concluyente que quienes sacan el máximo provecho del programa de A.A. y hacen el trabajo más eficiente en llevar el mensaje a los alcohólicos en prisión, son aquellos para quienes las responsabilidades del programa son demasiado importantes para ser dejadas al azar. Dichos miembros y grupos aceptan el apadrinamiento y lo ven como una oportunidad para enriquecer no solo sus propias vidas como también las vidas de los presos a los que ayudan.

D. M.
Atlanta, Georgia

Seis días y sigo contando
Julio de 2002

Me quedan seis días para recuperar la libertad y comenzar una nueva vida. Al principio, cuando llegué aquí, mi vida espiritual estaba vacía. Me arrastraba por el suelo debido al alcoholismo. Durante mucho tiempo no hice otra cosa que envenenar mi organismo y después de un mes de desintoxicación, empecé a pensar de nuevo con claridad. Me dije que había dos formas de proceder: podía sentarme en mi celda y sentir lástima por mí mismo, o podía intentar cambiar.

Lo primero que hice fue buscar un padrino de A.A. Escribí a la Oficina de Servicios Generales pidiendo ayuda para encontrar uno (la dirección está en el Libro Grande). No sabía qué iba a pasar, pero recibí una carta de la oficina diciéndome que pronto tendría noticias de un prospecto de padrino. Esperé y... ¡así fue! Este simple hecho me asombró y levantó el ánimo. En la primera carta que le escribí a mi padrino, le pregunté: ¿Cómo podría yo vivir sin alcohol? Esto me parecía imposible; pensé que nunca podría lograrlo. Pero mi padrino me contó sobre la nueva forma de vida que él había encontrado a través de A.A., y dijo que me la transmitiría. Durante los siguientes quince meses, sentí que cada día se me hacía un poco más fácil vivir conmigo mismo.

Mi nuevo padrino me enviaba la revista Grapevine de regalo, la cual ha sido una gran inspiración para mí. Con esa revista en mi celda, podía iniciar una reunión conmigo mismo en cualquier momento.

Los días en que la vida parecía nefasta, aprendí a rezar a mi Poder Superior y a pedirle que me ayudara a sobrellevar el día. He llegado a entender el Libro Grande, y que no estoy solo. Gracias a los Pasos y a la consigna de "no complicarse", estoy aprendiendo que yo también puedo hacerlo, un día a la vez.

Lo que realmente aprendí es que A.A. ofrece muchas herramientas, pero no debo tener miedo de ensuciarme las manos. Estoy ansioso por asistir a mi primera reunión de A.A. fuera de la cárcel. Sé que esta nueva forma de vida es un salvavidas. Ahora puedo irme de aquí caminando, pero iré como un niño que aprende a caminar.

GARY W.
Albion, Pennsylvania

¿NADA EN COMÚN?

Viejos y jóvenes, homosexuales y heterosexuales... las personas más dispares se vinculan como padrino y apadrinado

"Sabes, Jim? Yo he estado en la cárcel... no tengo mucha educación", le dice el joven A.A. con experiencia al hombre mayor (el recién llegado) con varios títulos académicos, en la historia "El garaje". El recién llegado no está seguro de que la relación de apadrinamiento funcione, pero él y este extraño padrino encuentran puntos en común.

En "Cómo encontrar el mejor padrino en A.A.", un miembro de veintiún años deja de lado su "larga lista de cualidades" que tenía en cuenta a la hora de apadrinar cuando un veterano de sesenta y ocho años lo ayuda a encontrar la serenidad que tanto necesitaba. "Por primera vez en mi vida, alguien podía calmar esa verdadera tormenta que había en mi cabeza", escribe.

No hay explicación para estos casos; estos miembros simplemente encontraron padrinos con los que podían identificarse y sentirse en confianza. En las siguientes páginas lea cómo es el mensaje, no el mensajero, lo que importa al transmitir el programa de recuperación.

El Garaje
Mayo de 1991

L a primera vez que admití en voz alta que era alcohólico fue en un
pequeño grupo que funcionaba las veinticuatro horas, en una
callejuela en Ciudad de México. Cuando me mudé a los Estados
Unidos fui a mi primera reunión en un Alano Club. Llegué allí una
media hora antes y di unas vueltas a la manzana para matar tiempo
y no estar más de lo necesario allí adentro. La reunión no me gustó.
Era una multitud de trabajadores, tatuados, con un lenguaje poco
elegante y demasiado cigarrillo. Así que busqué en el listado de A.A.
de otro condado, cercano y de mejor nivel. Durante tres meses viajé
a una reunión abierta los domingos. Era en un banco, no lejos de
una universidad. Aquí, pensé, encontraría un vocabulario un poco
más sofisticado y a un padrino con un doctorado; como se merecía
alguien con mi educación, profesión y nivel cultural. Después de
todo, yo era sacerdote y psicólogo.

Entonces, un muchacho en esa reunión me contó sobre otra
reunión solo de hombres que se hacía los lunes por la noche. Me
prometió que no me tendría que sentar en medio de un círculo para
que los demás me asediaran con "amor duro", lo que sea que eso sig-
nifique. Dijo que serían amables, y lo fueron. Aún así, yo no lograba
abrirme a ningún grupo. Por vergüenza, miedo y falso orgullo, solo
iba y me sentaba allí. Pero sí me relacioné con el muchacho que había tendido la mano la primera vez que llegué. Cualquier problema
o pregunta que tenía, se los planteaba a él.

Después de tres meses, me di cuenta de que no estaba avanzan-
do. Veía a todo tipo de personas que reían, bromeaban y salían a
caminar con sus padrinos. Y parecían estar muy a gusto unos con
otros, incluso se abrazaban de un modo que parecía sincero, natural y relajado. Esto me causaba una buena impresión y me atraía,

pero no sabía cómo acceder a eso que los demás tenían. Una noche me sentí muy dolido y solo entre la multitud. Estaba limpiando las mesas después de la reunión y nadie se ofreció a ayudarme. El grupo se estaba dispersando y todos se iban a sus casas o a un café para la "reunión después de la reunión", y a mí me dejaban solo. "¿Cómo es posible que yo venga aquí sintiéndome aislado y me vuelva a casa sintiéndome más aislado todavía? ¡Pobre de mí!", pensé. En ese momento, escuché una voz desde la puerta. Era Cristóbal (Chris, como le decían todos), un muchacho joven, moreno, con un gran bigote negro y una forma de compartir que era profunda, sincera y demostraba ser muy sensible por naturaleza.

La semana siguiente, me aseguré de sentarme a su lado durante la oración de cierre. Cuando nos dimos la mano, sentí que las suyas eran callosas. Y pensé: "Viniste aquí buscando a alguien con un doctorado y vas a terminar con un carretillero". Chris misteriosamente me ayudó con su modo de ser: simple, directo y eficaz.

Para entonces, yo llevaba ya cinco meses yendo a reuniones "sobre" el programa, pero sin estar "en" el programa, y estaba desesperado. Derrotado y al fin dispuesto a pedir ayuda, no estaba en posición de solicitar credenciales. Le pedí a Chris que fuera mi padrino.

Él dijo: "Te daré mi teléfono, Jim, y piensa en ello durante veinticuatro horas. Si aún lo quieres, llámame y te diré cómo llegar a mi casa".

Encontré su casa, en un callejón con pequeñas casas de clase trabajadora a lado y lado. La suya era la última casa, en el lote más grande. Su viejo automóvil lucía abandonado allí; le habían revocado su licencia por tres años. Me presentó a su esposa y a sus dos hijos pequeños (y uno más en camino), y me llevó a un lugar con el que me he familiarizado cada vez más a través de los años: su garaje. Aquel estaba atestado de equipos de campamento, repuestos para el automóvil, bicicletas y muchas otras cosas. Había un viejo televisor destartalado y un sillón reclinable que el padrino de Chris le había regalado. Al lado había un estante con el Libro Grande, los

Doce Pasos y Doce Tradiciones, Como lo ve Bill, Veinticuatro horas al día, y blocs de papel "para cuando me pongo a escribir".

Chris me hizo sentar en el sillón reclinable; él se sentó en una silla de jardín, puso sus pies sobre el TV y empezó diciéndome: "¿Sabes, Jim? Yo he estado encarcelado". Resultó ser que había sido en una prisión donde yo había sido capellán hacía muchos años. Luego, mirándome por el rabillo del ojo, agregó: "No tengo mucha educación. Me echaron de la secundaria. Solo me dieron el título para deshacerse de mí de una vez por todas porque les causaba problemas. Supongo que tú tienes muchos títulos". Admití que tenía algunos, especificando con desinterés que algunos eran universitarios. Él me miró con sus ojos oscuros y pasó al tema de la religión. "No tengo ninguna religión. Fui a la iglesia de mi esposa solo para casarme, pero desde entonces no volví ni pienso hacerlo". Le respondí que no estaba buscando un director espiritual, sino un padrino. (Todavía no me había dado cuenta que son prácticamente la misma cosa. Un padrino es alguien que me enseña a caminar con Dios conforme a los Doce Pasos). Luego, mirándome directamente, me dijo: "¿Todavía quieres que sea tu padrino?". Por su apertura y honestidad, y su manera de ser, yo estaba ahora más convencido que nunca. "Sí", respondí. Y entonces empezó algo que, hasta hoy, no ha finalizado.

Chris se echó atrás en su sillón, puso los pies cómodamente sobre el TV y dijo: "Cuéntame sobre tu alcoholismo, Jim". Había algo en su manera de ser que me hacía abrir mi corazón. Si yo titubeaba por vergüenza o dolor, él comentaba algo acerca de sí mismo donde lo suyo era peor que lo mío. Era bastante difícil competir con él en ese sentido, pensé. Había tanta compasión en sus ojos y en su voz que me hacía continuar. Después de un rato, ya no pude detenerme. Era tanto lo que había acumulado en mi interior desde hacía tanto tiempo que una vez que empezó a salir, se convirtió en una avalancha. Sin embargo, estuve casi todo el tiempo mirando hacia abajo, por vergüenza. De vez en cuando lo miraba fugazmente para ver si aún era seguro hablar, mas todo lo que veía era que al fin había

encontrado la persona y el momento indicados. Y seguí hablando.
Salieron cosas que ni siquiera yo sabía que estaban allí, cosas que ni
siquiera con la terapia profesional, habían salido a la luz. Cuando
al fin terminé, me quedé mirando al piso de cemento manchado de
aceite y llorando calladamente. Chris esperó un momento y luego
dijo: "¿Qué sientes, Jim?". Dejé de llorar y escupí desde algún lugar en lo más profundo de mí: "Me siento muy arrepentido y muy
avergonzado".

Entonces él salió.

Con todo lo que tenía guardado en el garaje, no pude ver adónde
había ido.

Era de día cuando empecé a hablar, pero noté que ahora ya había
oscurecido y el cielo estaba estrellado. Sé lo que hacen los curas y
lo que hacen los psicólogos, pero los padrinos son otra cosa, pensé.
Hacen que saques fuera todo lo peor de ti y luego se van. Entonces
escuché una voz con la cual ya me había familiarizado, que llegaba
flotando desde afuera: "Ven aquí, Jim". Y salí. Yo lo duplicaba en
edad y, sin embargo, lo estaba obedeciendo como un niño. No tenía
mucha opción. Mi manera de hacer las cosas no había funcionado,
y él me estaba ofreciendo una salida.

Al salir, lo encontré con los pies separados y las manos detrás de
la espalda, observando las estrellas. "Tengo un amigo ahí arriba,
Jim, así que chequeo las cosas con él para asegurarme de que estén bien, ya sabes... que la basura no dé en el ventilador y después
caiga sobre mí. Pero mi amigo dice que todo está bien. Ven aquí,
Jim". Una vez más, hice lo que me decía. Al acercarme, solamente
me abrazó y me dejó que llorase sobre su hombro. Durante treinta
años como sacerdote y quince como psicólogo, otros habían llorado
sobre mi hombro. Ahora era mi turno. "Sácalo todo, Jim". Cuanto
más larga y profundamente yo lloraba, más fuertemente me abra-
zaba él. Finalmente me detuve. "¿Seguro que eso es todo, Jim?".
"Por ahora, eso es todo, Chris". De un modo u otro, incluso entonces, tuve la intuición de que había aún más para revelar.

Yo miraba hacia abajo, un poco avergonzado. "Levanta la vista, Jim". La levanté, un poco. "Mírame a los ojos, Jim". Lo miré a los ojos. Me mantuvo a corta distancia, con sus manos sobre mis hombros. Me miró durante un rato, luego movió la cabeza en señal de aprobación, y dijo las palabras que se convertirían en mi punto de inflexión, mi nuevo par de anteojos, mi momento de la verdad; como cada quien quiera llamarlo. Mirando a lo más profundo de mi ser, dijo: "Jim, está bien ser humano". Luego me dio una palmadita en la mejilla derecha, secándome las lágrimas, y me indicó que entrara a la casa para lavarme la cara porque íbamos a una reunión.

Unos días después, fui a mi grupo clerical y les conté mi experiencia, que resumí drásticamente diciendo: "Así que ese pagano sin nada de iglesia escuchó la mejor confesión que hice jamás". Se rieron y un veterano con acento irlandés y mirada pícara dijo: "Entonces, ¿quién es el 'pagano' ahora?".

Ese fue el primer capítulo de una serie que aún continúa y que podría llamarse Mi padrino y yo. Chris está por cumplir cinco años sobrio, y yo, tres. No me perdería esas sesiones en el garaje por nada del mundo. Y, de algún modo, sospecho que Chris tampoco.

ANÓNIMO

Cómo encontrar el mejor padrino en A.A.
Octubre de 2008

Hace unos pocos años, cuando logré la sobriedad por primera vez, los veteranos enfatizaban lo importante que era conseguir un padrino, así que hice una lista de las cualidades que yo quería en el "padrino perfecto". Lamentablemente, no encontré a nadie que cumpliera con los requisitos de esa lista. Yo tenía veintiún años y unas cuantas drogas en mi historial, así como una infinidad de idiosincrasias que pensaba que eran exclusivamente mías. Decidí que mi padrino tendría que ser joven, conocer mi jerga, y haber, por lo menos, probado las drogas.

Después de algunos intentos para alcanzar la sobriedad, mucho café, unas cuantas reuniones y una mudanza realmente grande a través del país (todo a menos de un mes de haber logrado el estado de sobriedad), encontré a John. Él no era alguien que cumpliera con mis requisitos. Mi larga lista de cualidades, como tantas otras ideas que tenía, quedó rápidamente descartada. Lo que encontré, fue el mejor padrino en A.A. John, un joven de sesenta y ocho años, asintió y sonrió mientras yo garabateaba su número en un pedazo de cartón de mi paquete de cigarrillos. Al día siguiente, tomamos juntos un café. Después de que me llevara a varias reuniones en su viejo y enorme Lincoln modelo 89 (del que yo me mofaba), finalmente encontré las agallas para pedirle que me apadrinara.

Durante los meses siguientes, disfruté de las muchas horas que pasé en el asiento delantero de ese Lincoln. Puse atención a cada palabra de John; bueno, no a cada palabra, pero sí a la mayoría. Por primera vez en mi vida, alguien era capaz de calmar esa verdadera tormenta que había en mi cabeza.

Bajo el manto de la noche, escuché con nostalgia historias de una época en A.A. que yo no había conocido, una época con automóviles, incluso más grandes, y visitas del Paso Doce cargadas de humo de cigarrillo. Todavía me fascinan las historias de John, no importara cuántas veces las hubiera escuchado. Además, siempre surge una nueva historia.

John nunca tuvo que decirme que lo llamara todos los días, porque yo quería llamarlo todos los días. Cuando él no estaba en casa, su esposa, Sharon, era un excelente respaldo con sus más de treinta años de sobriedad. Nunca me he sentido tan seguro como cuando me sentaba en esa sala, con sus años de sobriedad envolviéndome. Bromeaba con otros veteranos acerca de las luces de Navidad que John me "forzaba" a colgar y las cajas que me "forzaba" a levantar para mantenerme sobrio. Ellos se reían y decían: "Bueno, la cuestión es que no has bebido, ¿o sí? Así que John debe estar haciendo algo bien".

Ahora vivo un poco lejos de John, pero los ratos que paso sentado en su comedor siguen siendo algunos de mis momentos favoritos. Él todavía no entiende mi música rap estridente, pero me entiende a mí.

Tengo el mejor padrino que podía encontrar en A.A., pero hay miles de "mejores padrinos" a nuestro alrededor en cada reunión. Todo lo que se necesita para encontrar uno es estar dispuesto a encontrarlo y buena voluntad. Para mi sorpresa, no tuve que hacer muchas entrevistas para hallar el mío; solo una taza de café y una invitación de amistad fueron suficientes.

Para mí el apadrinamiento se trata de la amistad. John no era un nombre que yo podía usar para aplacar a las autoridades, y yo no era solo alguien que él podía adjudicarse como otro "pichón". Yo era un amigo; un gran amigo con quien él podía compartir la sabiduría que había encontrado en Alcohólicos Anónimos.

PATRICK C.
Oakland, California

No fue mi elección
Noviembre de 2007

No elegí a mi madrina, y tampoco sentí una simpatía especial por ella cuando la conocí. Pero estaba otra vez en rehabilitación y, cuando me estaba preparando para volver a casa, el equipo de tratamiento me preguntó si tenía una madrina. Dije que no, pero que me aseguraría de conseguir una cuando saliera.

Como si supieran que probablemente esto no iba a suceder, el equipo me asignó una madrina temporal y combinó con ella para que nos conociéramos, el mismo día que me daban de alta, en una reunión de Alcohólicos Anónimos. Para mi sorpresa, seguí las instrucciones y me encontré por primera vez con Kathy S. en un club en Tallahassee, Florida, el tres de noviembre de 1990. Apenas la vi, supe que no teníamos nada en común.

Ella era maestra de quinto grado. Yo era una motociclista. Ella usaba ropa de colores con accesorios que combinaban. Yo siempre vestía de negro y mis accesorios eran cadenas y una navaja automática. Ella rara vez maldecía. A mí me llevó seis meses aprender a usar la palabra "hijo" sin aditamentos. Ella llevaba una vida ordenada, mientras que la mía era un descontrol. No presté atención a lo que me decía, ni tampoco me mantuve sobria. Con su ayuda y guía, volví a tratamiento en enero de 1991. Desde ese día, no he sentido la necesidad de volver a beber, ni que valiera la pena hacerlo. En el tratamiento aprendí mucho y decidí poner en práctica las sugerencias que había recibido.

Aunque yo estaba loca como una cabra, Kathy siempre estuvo dispuesta a trabajar conmigo. Con el tiempo, empecé a confiar en ella. En todos los años que hemos trabajado juntas, ella nunca me llevó por mal camino. Nunca me pidió que hiciera nada que fuera perjudicial o malo para mí, como alcohólica en recuperación ni como ser humano.

Ella me enseñó a ver la vida como "una caja". Dijo que esa "caja" estaba vacía, sin nada en su interior, y yo me conformaba con nada. Me dijo que yo merecía no solo un papel de envolver colorido y brillante, y un lujoso moño para esa caja, sino también todos los regalos que pudieran caber en su interior.

Y me enseñó que esos regalos no necesariamente son cosas materiales. A veces, los regalos no pueden verse, solo sentirse. Por ejemplo: el regalo de una noche de sueño reparador, o de practicar la integridad, el respeto a mí misma y la capacidad de valorarme como ser humano. Mi madrina me enseñó que merecía recuperarme y que merecía todos los regalos que la sobriedad tenía para ofrecer. Pero estas cosas no sucedían solas ni de un día para otro. Como dice en "Las promesas" de El Libro Grande, tenía que trabajar por ellas.

Fui a muchas reuniones, trabajé en los Pasos, encontré un Poder Superior, reparé los daños causados, e intenté ayudar a otros. En algún momento en ese camino, empecé a encontrarme. Decidí cambiar mi "colorido" lenguaje por ropa colorida. Encontré los regalos de la risa, la amistad y la paz mental. La mujer que una vez se vestía de negro quedó atrás.

Mi madrina fue testigo de cada uno de mis logros. Me observó mientras yo volvía a la universidad y obtenía un título. Estuvo a mi lado cuando recibí un indulto total del gobernador de Florida por las cosas que había hecho (los daños de mi pasado).

Mi madrina también estuvo presente en mis momentos de angustia y dolor. Cuando mi hijo fue arrestado, poco antes de la Navidad de 1997, yo estaba desolada. ¿Qué tipo de regalo era ese, y justo antes de la Navidad? Pero Kathy me mostró el regalo que había recibido: descubrí que podía manejarme con dignidad y gracia, algo que nunca antes había sentido. Y no necesitaba beber para salir de una situación.

Mi madrina también me enseñó a aceptar que la vida tiene sus propios términos, que el universo no gira a mi alrededor (¡aunque, a veces, todavía me cuesta aceptarlo!). Me enseñó a responsabilizarme de mi conducta.

Ha pasado ya mucho tiempo desde aquel día en que Kathy y yo nos conocimos. Hemos atravesado mucho juntas y sé que, sin su maravillosa sabiduría y delicadeza, yo no sería la mujer que soy hoy.

Me mudé a otro estado y no la veo mucho. He cambiado las Harley por caballos, y mi navaja automática por un limpia-cascos para caballos. Mas, nunca cambiaré mi tiempo con Kathy. Ella estará conmigo siempre, dondequiera que vaya.

SUSAN K.
Asheville, Carolina del Norte

Buenos amigos
Febrero de 1989

Hace nueve años, cuando apenas llevaba unos años de sobriedad, conocí a un hombre joven en una reunión abierta. Conversamos un rato y entonces Matthew (no es su nombre real) se sentó a mi lado cuando comenzó la reunión. Al terminar, intercambiamos algunos comentarios amables y opiniones sobre partes interesantes de la historia del orador. Al poco tiempo le dije adiós y salí rumbo a casa, dado que vivo a veinte millas de nuestro lugar de reunión y, ya por ese entonces, era una mujer mayor.

Había algo en este hombre joven que me incomodaba. No estaba segura por qué, pero me preocupaba. Yo había estado en el programa el tiempo suficiente como para saber que allí íbamos personas de todo tipo, con antecedentes muy diversos, y que ninguno llega a A.A. cuando su vida marcha bien. Matthew dijo que venía por cuenta propia, sin la ayuda de un centro de desintoxicación. Yo había escuchado historias de prisión y me preguntaba si su mirada extraña y ansiosa tendría que ver con algo de eso.

La semana siguiente, después de olvidar todo el asunto de Matthew, me dirigí otra vez con muchas ganas a mi reunión abierta semanal. Apenas encontré un asiento, ¿quién me saludó y me preguntó amablemente si podía sentarse a mi lado? Nada menos que Matthew. Estaba contenta de verlo y, como en la ocasión anterior, charlamos mientras el grupo se congregaba.

Me agradaba tener la atención de Matthew, dado que él tenía la edad de mi hijo más joven; un hijo por el que yo me sentía bastante abandonada en ese entonces. Sin embargo, después de varias semanas más de la misma conducta, me pareció que su actitud era un poco exagerada. Incluso llegué a preguntarme si se sentiría atraído por mí y pensé "¡Ay, Dios mío!, y si es así ¿qué voy a hacer?".

La semana siguiente, cuando Matthew se sentó en la silla de al lado, le dije al oído en forma suave pero decidida: "Jovencito, no tengo segundas intenciones contigo". Su rostro giró rápidamente hacia mí y tartamudeó: "¡Ay, no! ¡Yo tampoco! Solo estaba buscando la manera de pedirle que fuera mi madrina".

Yo sabía que no era aconsejable que una mujer amadrinara a un hombre, y eso le dije. Le recomendé que le pidiera apadrinamiento a un hombre, y su desilusión fue evidente. Lo lamenté.

Mientras tanto, le pregunté a Tom, un veterano, qué podría hacer al respecto. Frotándose la barbilla pensativamente, me sugirió: "Dile que lo amadrinarás pero solo por teléfono". Eso hice y, como esperaba, Matthew se mostró feliz. Me llamaba regularmente y llegamos a conocernos muy bien. Él trabajaba con esmero en su programa. Pero aún seguía teniendo esa expresión en su mirada. ¿Habría hecho alguna cosa terrible? ¿Quizás hubiera matado a alguien? Imposible adivinar. Era evidente que algo lo preocupaba profundamente.

El invierno dejó paso a la primavera y a finales del verano, Matthew me preguntó si podía traer a su madre a conocerme. Vendrían, cuando lo acordáramos, a mi lugar de trabajo y no a mi casa. Me sentí cómoda con la idea. El encuentro me causó una impresión muy grata pues su madre era encantadora. Tenía aproximadamente mi edad y teníamos mucho en común. La visita fue sumamente agradable.

Llegó nuevamente octubre, y Matthew había estado sobrio casi un año. Un día, me llamó para preguntarme si podía hablar en persona. Era algo urgente y deseaba venir enseguida. Le dije que sí.

Yo vivía sola y todavía era algo recelosa. Matthew tardaría media hora en llegar. Podíamos encontrarnos en el parque, ya que era un hermoso día cálido y habría mucha gente ahí. Le sugerí esto y Matthew aceptó con gusto.

Conduje mi pequeña autocaravana blanca hasta el parque y coloqué dos sillas plegables afuera. Este sería un buen lugar para hablar y había mucha gente en los alrededores disfrutando del día otoñal. Cuando Matthew llegó en su automóvil, le hice señas con la mano. Estaba contenta de verlo y nos abrazamos por primera vez.

Nos sentamos en las sillas y tuvimos una conversación amena. Me pregunté cuál sería ese asunto serio que Matthew quería hablar conmigo. Quizás un café haría que nuestro encuentro se pareciera más a una verdadera reunión. Con valentía invité a Matthew a entrar al vehículo mientras preparaba café, y nos sentamos en la pequeña mesa, mientras seguíamos hablando.

De repente, Matthew, inclinándose hacia delante, me miró a los ojos y dijo: "Hay algo que tengo que decirle. Soy homosexual". Sí, yo estaba sorprendida. Pero sentí un enorme alivio y, sacudiendo la cabeza, le dije: "¿Es ese todo el problema? ¡Yo creía que habías matado a alguien!". Con voz muy baja, dijo: "No", mientras los ojos se le llenaban de lágrimas. Esa extraña ansiedad en su mirada, que yo ya conocía tan bien, de hecho se había desvanecido tras sus palabras. Nos reímos y lloramos juntos. La verdad había sido dicha y todo estaba bien.

Han pasado ocho años desde aquel día de octubre. Matthew y yo nos llamamos frecuentemente y, de vez en cuando, vamos a algún lugar juntos. Somos buenos amigos.

M. V.
Elk Rapids, Michigan

¡Ese es mi padrino!
Junio de 1978

Mark Twain dijo una vez: "Cuando yo tenía dieciséis años, no podía soportar lo ignorante que era mi padre. Cuando cumplí los veintiún años, me parecía increíble lo mucho que mi padre había aprendido".

Esta frase expresa con acierto lo que sentía acerca de mi padrino. Recuerdo que mientras trabajábamos en el Paso Doce me pareció alguien muy "simple", lo cual me hizo pensar: "Claro, él es feliz, pero si yo dejara de beber y meterme en problemas, me perdería todo lo que la gente inteligente disfruta". Para mí las sesiones de café eran estupendas para planear la siguiente sesión de juerga. ¿De veras este tipo grandote de seis pies y cuatro pulgadas de alto y doscientas treinta libras quería decir que las sesiones de café eran literalmente eso? ¿Café, unas cuantas risas y luego a casa, y que eso era vivir? ¿Eso era la sobriedad? ¡Gracias, pero no me interesa!

Fueron necesarias muchas sesiones de café, mucha charla, mucha persistencia, y muchas risas y lágrimas antes de que yo empezara siquiera a vislumbrar que esta vida simple era, de hecho, lo que había estado buscando. Había una diferencia en la risa. Era una risa que nacía de las entrañas y no de la botella. Y recuerdo ese teléfono que sonaba, y este hombre al otro lado que me decía que yo era un mentiroso y un farsante. A veces, le contestaba: "Si no tienes nada agradable que decirme..." etc., y entonces quedábamos en silencio.

Llegó un momento en que él percibió que yo había llegado al punto de saturación, y no volvió a llamarme en dos semanas. Empecé a extrañarlo. Sin embargo recuerdo que en un momento le dije a mi esposa que si ese patán noruego gigante volvía a poner un pie en mi casa de nuevo, llamaría a la policía. (Era demasiado grande para sacarlo a empujones yo mismo. Además, ¿quién tendría las agallas de intentar algo así estando sobrio?) Fue bueno haber escuchado, al principio cuando entré en A.A., que las personas que cambian frecuentemente de padrino están intentando controlar el entorno en vez de cambiar ellos. Debo admitir que la idea de cambiar de padrino se cruzó por mi mente algunas veces.

Sin embargo, curiosamente, empecé a decirles a las personas en A.A., con mucho orgullo, que él era mi padrino.

¡Qué cambio!

Luego, cuando todo parecía ir bien (yo tenía mis "pichones", una mejor calidad de sobriedad, y más amigos de los que había tenido en toda mi vida), se me vino el mundo abajo. Este hombre (nótese que ya no le decía "patán") anunció que él y su familia desaparecerían de escena, pues se iban a mudar muy lejos.

Esperé. No sentía autocompasión, ni enojo, ni celos, ni odio. ¿Qué me había hecho este programa? Intenté desesperadamente recuperar algo de mi viejo estilo, que surgiese en mí aunque fuera un poco de mal humor, o algunas palabrotas bien elegidas... pero no. Lo único que me salía era un genuino sentimiento de amor por él y su familia, y un deseo de que les fuera bien.

Hoy creo que si bien él trabajó codo a codo conmigo en mis

problemas, se aseguró de que siguieran siendo mis problemas. A él y a Alcohólicos Anónimos, les estaré eternamente agradecido. Y dondequiera que haya padrinos como este hombre, habrá un alto estándar de sobriedad y muchos alcohólicos agradecidos porque les bajaron los humos.

M.J.
Saskatoon, Saskatchewan

CAPÍTULO NUEVE

COMENZAR CADA DÍA CONTANDO LOS MILAGROS

Estos alcohólicos desesperados nunca pensaron que A.A. funcionaría para ellos. Pero, trabajando con sus padrinos, superaron sus limitaciones y empezaron a recuperarse.

Un hombre que enfrenta la realidad de haber abandonado a sus hijos en "No hay una solución rápida"; una mujer que debe lidiar con la carga de una ex pareja abusiva en "Una cuestión de elección"; y los demás "casos difíciles" de este capítulo, encuentran el amor y la orientación que necesitan para superar su dolor. "Mi madrina me dijo que empezara cada día contando los milagros", escribe la autora de "El Dios de Joanie": "1. Me desperté y estaba bien; no fue necesario que recobrara el conocimiento. 2. Tenía un techo sobre la cabeza y comida en la panza. 3. Podía ver, tocar, oler, escuchar y saborear. Y luego, debía buscar 'coincidencias' a lo largo de mi día. Éstos, habitualmente, podían llamarse 'milagros'. Lo hice cada día e increíblemente, empecé a sentirme agradecida y a confiar un poco en Dios." Las historias de este capítulo son de miembros de A.A. que, con la ayuda de sus padrinos, alcanzaron la sobriedad y lograron mantenerla, independientemente de lo que la vida les presentara.

No hay solución rápida
Septiembre de 2007

Estuve rondando A.A. durante unos quince años antes de decidirme a entrar. Durante mucho tiempo, creí que era un excelente programa. Parecía funcionar para muchas personas, pero no creía que funcionara para mí.

Esta vez, no sé por qué motivo, por fin llegué a la conclusión de que nunca podría dejar de beber, y no tenía adónde más ir, salvo A.A. Empecé a asistir a las reuniones y me uní a un grupo. Conseguí un padrino. Pero, por alguna razón, cuando me reunía con él, hablábamos de cualquier cosa, menos de lo que pasaba en mi interior. Aunque sentía que me estaba muriendo por dentro, de mi boca salían preguntas como "¿Qué vas a hacer este fin de semana?" o "¿Qué te parece aquel auto que acaba de pasar?".

Mientras tanto, después de las reuniones, solía sentarme a charlar con este otro tipo llamado John. Él me preguntaba cómo estaba, y por algún motivo a él sí le contaba. Le pedí que fuera mi padrino. Él llevaba cinco años sobrio y tenía mucho tiempo para hablar conmigo.

Durante las siguientes semanas, nos reunimos cada día. Íbamos al parque, nos sentábamos en mi departamento o en un café, y conversábamos. Yo le contaba todo; o, por lo menos, eso creía.

Al menos una vez a la semana, nos reuníamos con otro amigo para estudiar el Libro Grande y los Pasos. A veces, otros muchachos se nos unían también, y escuchábamos grabaciones de oradores, y leíamos y hablábamos sobre el programa.

Nos hicimos amigos, y empecé a ir de vez en cuando a casa de John para visitarlo y ver películas. Una tarde, estábamos viendo en su sala una película sobre la recuperación del alcoholismo.

John tenía dos hijos y una hija. Su pequeña hija tenía aproximadamente la misma edad que la mía, a la que yo había abandonado hacía cinco años.

Vi cómo esta hermosa niña cruzaba la sala, se subía al regazo de John, apoyaba la cabeza en su pecho y, mirándolo a los ojos, le decía: "Te amo, papi".

No puedo expresar en palabras el dolor que sentí en ese momento. Tenía un agujero en mi interior, y un miedo peor que cualquier cosa que hubiera experimentado jamás. Entré en pánico. Le dije a John que la película me estaba "disparando muchas cosas" y me fui. Al llegar a casa lloré y lloré, e hice un esfuerzo por no matarme. Le había contado a John sobre todas las cosas que había hecho en el pasado que no podía cambiar, pero nunca había hablado sobre lo que ocurría en el presente.

De nuevo, no tenía opción. La única forma que conocía de manejar cualquier situación era emborracharme o contarle a alguien. Volví a casa de John y, después de un rato, le dije por qué me había ido el día anterior. Le conté sobre los dos hijos que había abandonado, y cuán vacío, atemorizado y solo me sentía.

Él no tenía ningún consejo mágico para mí. No tenía ninguna solución rápida ni cura para mi dolor, y no fingió que "todo estaba bien". Lo que hizo, fue quedarse conmigo mientras yo lloraba. Y dijo lo más importante que había escuchado jamás: "Joe, vamos a superar esto juntos".

Inmediatamente, lo sentí. Ya no estaba solo. Me cuesta describir el sentimiento que tenía en ese momento. Era una fe absoluta en que no estaba solo en el mundo. Sabía que lo superaríamos. Y, un día a la vez, lo hicimos.

Mi grupo mandó imprimir "Lo superaremos juntos" en mi medallón por un año de sobriedad. Pocos meses después, seguí algunas indicaciones y averigüé dónde estaban mis hijos. Fui a visitar a mi ex esposa y ella me permitió empezar a ver a mis hijos de nuevo.

No mucho después de eso, estaba sentado en mi sala una tarde de sábado. Vi cómo la niña más hermosa que había visto jamás cruzaba la sala, se subía a mi regazo, apoyaba la cabeza en mi pecho y, mirándome a los ojos, me decía: "Te amo, papi". Una vez más, lloré, mientras sentía uno de los sentimientos más intensos que había sentido jamás. Era un sentimiento de amor completo, la capacidad de dar y recibir, y la certeza de que sin duda ya no estaba solo.

El pasado diciembre celebré tres años de sobriedad. Tengo a mis hijos conmigo cada dos fines de semana, los feriados, y aprovecho cada oportunidad que tengo para verlos. Mi familia está de nuevo en mi vida, y hoy sé que no importa lo que suceda, lo superaremos juntos.

Esto lo hicieron posible la gracia de Dios, el programa detallado en el libro de Alcohólicos Anónimos, y un padrino que fue lo suficientemente sabio como para no intentar solucionar algo que no podía, y hacer lo que sí estaba en sus manos: estar allí, sostenerme, amarme, y compartir el amor y la experiencia que le habían sido dados a él. El único modo que conozco de devolver esta deuda, es contar mi historia y hacer lo mejor que pueda para compartir el amor que me fue dado.

JOE D.
Stratford, Ontario

El Dios de Joanie (Fragmento)
Agosto de 2009

Antes de llegar a Alcohólicos Anónimos, había cerrado las puertas a cualquier creencia en un Dios que alguna vez hubiera tenido. Lo maldecía por todo lo que me había sucedido. Cuando tenía once años, una mañana antes de ir a la escuela, le pedí a mi dulce madre una moneda de veinticinco centavos. Respondió: "Hoy no", entonces le saqué una de su cartera. Esa tarde, un sacerdote vino a la escuela y me dijo que mi madre había muerto. ¡Yo supe que era mi castigo por haberle robado la moneda esa mañana! Tiré la moneda por una alcantarilla y dije:

"Ahí tienes, Dios, ¡la devolví! No la voy a gastar. ¡Ahora devuélveme a mi mamá!". No hubo respuesta.

Desde ese momento comencé a creer que cualquier cosa mala que me sucediera, era un castigo de Dios.

El nueve de julio de 1983, dije dos palabras mágicas: "Dios, ayúdame". Creo que en ese momento le hablé al Dios sobre el que me habían contado a los seis años. Pero esta vez respondió, porque al día siguiente llegué a las salas de Alcohólicos Anónimos: impotente, sin esperanzas e incapaz de trabajar.

Sabía lo que tenía que hacer. Miraba a todas las mujeres que asistían a las reuniones a las que iba (y había muchas) en busca de una madrina, hasta que por fin le pedí a una que lo fuera. Ella me preguntó si yo creía en Dios, y le respondí: "Sí, si es que hay uno". Ella dijo: "¡Usa el mío; hace un buen trabajo!". Así que, cada mañana, me ponía de rodillas y decía: "Querido Dios de Joanie: sabes que no estoy diciendo esto con verdadera intención. Solo lo hago porque me dijeron que lo hiciera". Y luego le pedía al Dios de Joanie que me mantuviera alejada de la bebida ese día y cada noche le agradecía no haber bebido. Esa primera madrina me hablaba con slogans y eso me sacaba de casillas, pero funcionó para volver a enfocar mi mente. A los tres meses de estar sobria, busqué otra madrina que me guió en los Pasos.

¡Y seguí sobria! Así que continué rezándole al Dios de Joanie. No quería recordarle al Dios mío que yo estaba ahí (como si Él no lo supiera).

Mi madrina me dijo que empezara cada día contando los milagros: "1. Me desperté y estaba bien; no fue necesario que recobrara el conocimiento. 2. Tenía un techo sobre la cabeza y comida en la panza. 3. Podía ver, tocar, oler, escuchar y saborear. Y luego, debía buscar 'coincidencias' a lo largo de mi día. Éstas, habitualmente, podían llamarse 'milagros'". Hice esto cada día y para mi sorpresa empecé a sentirme agradecida y a confiar un poco en Dios.

Muchos años después, aún hago las mismas cosas que hacía

durante mis primeros años de sobriedad. No le digo a Dios qué hacer. Si lo hiciera, estaría jugando a ser Dios y Él hace un trabajo tan maravilloso que no quiero arruinarlo.

JEANNE R.
Monaca, Pennsylvania

Consigue un gato
Julio de 2003

Mi padrino era uno de esos que intuitivamente saben "cómo comportarse en las situaciones en las que antes nos sentíamos desorientados". Recuerdo que, después de unas semanas de sobriedad, le dije a mi padrino que me sentía solo. Respondió que consiguiera un gato. Le contesté que no me interesaban los gatos. Dijo que no le importaba; que debía conseguir un gato. Bueno, ¿qué podía saber él? Yo había estado chateando un poco en la computadora y había conocido a una chica. Ella vivía en Wyoming. Me dijo que me amaba. Yo tenía cuarenta años, y no recordaba la última vez que alguien me había dicho eso. Así que hice lo único que se me ocurrió: dejé mi trabajo y me mudé a Wyoming.

Mi padrino dijo que eso era una cura geográfica, y que estaría mucho mejor si simplemente conseguía un gato. Le dije que estaba equivocado, que no había cura; que yo sabía que no tenía ningún poder sobre el alcohol, y que lo mismo daba que estuviera en Halifax o en Wyoming; seguiría yendo a las reuniones y seguiría manteniéndome sobrio. Él insistió con lo del gato.

Cuando estaba en un tren saliendo de Nueva Escocia, el mozo pasó con su pequeño carro de bebidas y golosinas, y vi una lata de cerveza Keith, mi favorita. De repente, se me cruzó la idea de que quizá no hubiera cerveza Keith en Wyoming. Debería tener una para el camino, para celebrar mi nuevo comienzo.

Bueno, aquí fue donde el pensamiento racional me abandonó

y la insensatez del primer trago tomó el mando; la insensatez de creer por un segundo que bajo alguna circunstancia podría tomar solo un trago y detenerme. Tres semanas después con cinco maletas estaba haciendo dedo en medio de una tormenta de nieve en la carretera transcanadiense; buscaba una reunión de A.A.

Mi padrino me había estado hablando de lo que luego me enteré que se llama "lenguaje para los recién llegados". Él decía cosas simples. Algunas eran slogans como "No te compliques" y "Primero lo primero". Otras eran citas de la literatura de A.A., como las Promesas y los "deberes". Y otras eran cosas que inventaba él; por ejemplo, "Consigue un gato". Podría haber dicho: "El hecho fundamental que nos hemos negado a reconocer es nuestra incapacidad para sostener una relación equilibrada con otro ser humano... Nunca hemos intentado ser un miembro de la familia, un amigo entre amigos, un trabajador entre otros .... Este comportamiento egoísta nos impedía tener una relación equilibrada con cualquier persona a nuestro alrededor. No teníamos la menor comprensión de lo que es la auténtica hermandad".

Él podría haber dicho todo esto, y quizá lo hizo. Quizá él sabía que yo no comprendería todo eso. Así que simplemente dijo: "Consigue un gato". Es como cuando él solía decir: "Prepara café", o "Siéntate adelante y escucha", o "Allá siempre parece mejor que aquí, hasta que llegas allá".

Por supuesto, llegué a esa reunión de A.A. Cuando la reunión terminó, busqué nuevamente a mi padrino y le dije que ahora estaba listo para escucharlo. Y lo he estado escuchando. He hecho todo lo que él me sugería, sin importar si lo entendía o no. Eso fue hace cinco años. Hoy tengo una nueva libertad y una nueva felicidad. Tengo una esposa. Tengo una familia. Tengo un trabajo. Y sí, finalmente conseguí un gato.

BERNIE S.
Dartmouth, Nueva Scotia

Una cuestión de elección
Septiembre de 2005

¡Estoy tan agradecida por el amadrinamiento que recibí en el programa de Alcohólicos Anónimos! Sin éste, nunca lo hubiera logrado.

Las madrinas me han enseñado cómo vivir la vida en los términos que ella te da. Ha habido muchas ocasiones durante mis trece años de sobriedad en las que he seguido adelante por la fe que tenía mi madrina. Cuando no veo el camino a través de la niebla, o cuando me parece demasiado duro, Dios trabaja a través de otros para hacerme saber que está bien dar el siguiente paso.

Soy madre soltera de tres niños de ocho, diez, y doce años. Regresé a California después de vivir en Colorado durante dos años. La mudanza a Colorado fue un último intento de hacer que una relación desastrosa funcionara; parece que siempre se me ocurre otra idea genial.

Había conocido a este hombre en la agonía del alcoholismo y la drogadicción. Realmente no éramos más que dos jóvenes que sufrían de esta enfermedad, sin siquiera saberlo. Él intentó arrojarme fuera de un vehículo en marcha en nuestra primera cita. Pero al parecer, en aquel entonces, eso no era motivo suficiente para que nunca más saliera con él.

Cuando tomaba, el abuso era mucho peor: me fracturó las costillas cuando estaba embarazada, me tuvo secuestrada en la habitación de un motel, y una vez me estranguló hasta que perdí el conocimiento. Cuando alcancé la sobriedad, él decidió dejar las drogas y también la bebida, solo que lo hizo por su cuenta, sin ningún programa. Esto, como sabemos en A.A., se llama borrachera seca, y para la familia eso fue peor que si hubiera seguido bebiendo.

Por la gracia de Dios, yo seguí buscando ayuda e intentando reparar los daños de mi pasado. Tenía miedo de dejarlo; él me había amenazado tiempo atrás, diciendo que, si lo intentaba, me perseguiría como un perro de caza y me mataría. Y yo le creí. Quizá el enorme miedo que me daba tener que criar a mis hijos sola me hizo quedarme, si bien ya me las arreglaba sola para todo.

Después de un último ataque físico, tomé a mis hijos y nos fuimos mientras su padre aún estaba en prisión. Nos vinimos a California, conduciendo una furgoneta llena de cacharros, ollas y todo lo que pude arrojar dentro. Los niños y yo estábamos en un estado calamitoso. Yo no había dormido con los dos ojos cerrados en casi un año, y tenía constantes infecciones urinarias, úlceras y todos los trastornos imaginables relacionados con el estrés.

Le pedí a gritos a Dios que me ayudara, y Él empezó a traer maestros a mi vida. Conocí a mi primera madrina en una reunión de mujeres en Fullerton. Ella me ayudó a encontrar nuevas formas de mantener a mi familia usando la Séptima Tradición como un modo de vivir mi propia vida. (Como sabemos la tradición dice que los grupos de A.A. deben ser mantenidos en su totalidad por las contribuciones voluntarias de sus propios miembros). Me prometió que empezaría a sentirme mejor cuando luchara por ser menos dependiente de los demás, tanto financiera como emocionalmente.

Así que empecé a tomar clases, primero para convertirme en ayudante de enfermería y luego, en asistente médica. Los niños y yo dormíamos en el piso del aparta-estudio de mi madre, en Brea y por eso tuve la suerte de no tener que pagar arriendo. Lamentablemente, ¡esta no era mi actitud en ese entonces! He tenido que vivir con el hecho de que constantemente me quejaba y me lamentaba de mi desgracia en las reuniones. "¡Pobrecita yo!", decían todos a coro, y después soltaban carcajadas histéricas. Esto lo hacían para ayudarme a superar mi enorme defecto de autocompasión, y funcionó.

Yo trabajaba de cajera en una gasolinera y así pagaba la comida y otras necesidades. Detrás de mi ventana de vidrio, pasé mucho tiempo estudiando el Libro Grande. ¡Aprendí tanto de ese trabajo! Cómo vestirme y presentarme. Otro de los problemas que tenía, era que no me gustaban las reglas. El uniforme de la gasolinera necesitaba algún cambio de aspecto (o eso creía yo). En cada turno yo me aparecía con algún detalle distinto, como un lacito al frente, o el escote más desabotonado... cualquier cosa para ser diferente. Esto causaba muchos conflictos innecesarios con mi gerente. La gente en el programa me dijo: "Solo métete la camisa dentro de los pantalones y sé amable". Eso hice, ¡y funcionó!

El problema de no poder dormir continuó mucho después de mi llegada a California. Tampoco los niños lograban conciliar el sueño. Yo me despertaba en mitad de la noche con la sensación fría y suave del cañón de una escopeta apoyado en mi frente. El terror inundaba mi cuerpo. Temblaba y lloraba. Caía sobre mis rodillas en una rendición desesperada, rezando el padrenuestro y, aunque fuera de madrugada, llamaba a mi madrina. Ella nunca me gritó ni me trató como a una ciudadana de segunda clase. Con voz calmada y relajada, me preguntaba: "¿Qué pasa?", y yo le abría mi alma. Hacia el final de la conversación, casi siempre yo terminaba riéndome mucho por alguna historia de su vida que ella me contaba, y olvidándome de mi problema inicial. Antes de colgar, le decía: "¿Crees que esta noche podré dormir?", y ella me contestaba: "Rezaré por ti. Todo va a estar bien". Esas cosas no tienen precio. Yo le creía y, poco tiempo después, empecé a dormir mejor.

De mis madrinas en el programa aprendí la diferencia entre un deseo y una necesidad. La lista de cosas que necesitaba comprar con mi sueldo, al principio, era algo así: $20 para la cama solar, $15 para Starbucks, $10 para echarle gasolina al automóvil, $30 para ir al cine, $20 para llevar los niños a un McDonald's... y otras cosas "esenciales". Así fue que a través de mucho dolor y humillación aprendí a ayudar con la renta dándole algo de dinero a mi mamá cada mes, y dejé de broncearme después de una reunión de estudio de los Pasos donde el tema eran los siete pecados capitales. Un veterano allí me dijo: "Si vamos a hablar de vanidad, mira ese bronceado que tienes". ¡Me sentí tan dolida! ¡Pero funcionó! Hoy, es increíble lo poco que necesito para ser feliz. Creo que es la gratitud que Dios ha puesto en mi corazón por todo lo que tengo lo que me ha cambiado.

Yo compartía constantemente sobre lo que "él" me había hecho, y las cosas que "él" seguía haciendo, como no pagar la manutención de los niños y gritarme por teléfono. Todavía tenía más lecciones que aprender. Mi madrina me sugirió que fuera a hablar con el fiscal de distrito para conseguir la manutención de los niños, que era un tema que me preocupaba mucho. Nunca olvidaré lo que sentí al abrir el buzón y ver un cheque allí. También siguiendo su sugerencia, puse un cartelito en la pared junto al teléfono, para forzarme a verlo, el cual decía: "¡Cuelga el teléfono!". De este modo aprendí a hacer lo siguiente: siempre que él empezaba a gritarme o a manipularme, simplemente colgaba el teléfono. ¡Y funcionó!

Recuerdo una reunión en particular, cuando yo estaba llena de autocompasión y hablaba sin cesar sobre "él", y un veterano me preguntó: "Bueno, ¿quién lo eligió, querida?". Eso me enardeció, y me dije a mí misma que ¡nunca más iba a hablar sobre él! Y así aprendí a compartir sobre lo que "yo" estaba haciendo o, más importante aún, lo que no estaba haciendo.

Luego llegó el momento en que, después de trabajar como auxiliar médico y aprender a manejar mis finanzas con un poco más de criterio, conseguí mi propio lugar para vivir. Realmente crecí; al ser madre y padre, uno aprende muy rápido lo que es importante. Iba a trabajar y a las reuniones; me reunía con mi madrina y "lavaba mis trapos sucios". Encontré verdadera felicidad y satisfacción en hacer lo que Dios quería que hiciera.

Años antes, había solicitado entrar al programa del Departamento de Vivienda y Desarrollo Urbano (HUD), y finalmente pude hacerlo, solo que el edificio de apartamentos donde vivíamos no aceptaba financiación del HUD. Así que empecé a buscar uno que sí lo hiciera, y descubrí que muchos propietarios no la aceptaban. Mi madrina siguió teniendo fe, incluso cuando yo la había perdido; ella estaba segura de que encontraría un lugar antes de que se venciera el plazo. Aún puedo escucharla diciendo: "A veces, Dios espera hasta la última hora, o el último minuto, pero responde". Así que confié en su fe, como todas las demás veces cuando creí que no había solución.

El día antes de que el plazo del HUD venciera, encontré nuestro condominio en Brea. Para mí, es el paraíso. Cuando yo me quejaba de vivir con mi mamá, mi madrina solía decirme: "Arregla el lugar todo lo que puedas, haz que se vea bonito y, apenas empiece a gustarte, será tiempo de partir". Así aprendí a crear un hogar cómodo, seguro y acogedor para mi familia y para mí.

He vuelto a la universidad en un intento por mantener a mi familia de un modo más apropiado. Nunca pensé que esto sería posible, pero mi madrina siguió alentándome. Una vez más, seguí adelante con su fe. Siempre he tenido que luchar con la inseguridad financiera. No sé cómo nos las arreglamos, pero algo siempre aparece. Este semestre, fui nominada para una beca de periodismo. Inmediatamente pensé que sería imposible obtenerla, porque considero que no me conocen. Sin embargo, mi profesor me llamó esta semana para decirme que había obtenido la beca, y que la cena de anuncio es este mes. Esta es una verdadera victoria que le debo al programa y, por supuesto, a mi Dios.

Mi Poder Superior me hace regalos extraordinarios, y le gusta involucrar a mucha gente en el proceso. Tener fe es seguir las sugerencias de mi madrina incluso cuando me parece que no tienen sentido.

Un día a la vez estoy aprendiendo a confiar más y más en Dios y en el programa de Alcohólicos Anónimos.

KARA P.
Brea, California

Tienes que dar para recibir (Fragmento)
Junio de 2009

No estaba preparado para hacer el Cuarto Paso (el inventario moral) y menos aún, el Quinto. Jamás iba a revelarle mis más oscuros secretos a nadie. Irían a la tumba conmigo. No veía cuál podía ser el beneficio de hacer estas cosas.

El no avanzar con los Pasos hizo que me quedara solamente en la periferia de A.A. Siempre había sentido que las personas allí tenían la habilidad de ver a través de mí, que podían saber lo que estaba pensando, sin que yo dijera una palabra. Esa sensación en mi interior empezó a volverse muy incómoda. Dejé de rezar y empecé a faltar a las reuniones, hasta que por fin las abandoné por completo. Al poco tiempo regresó mi insensatez.

No volví a beber, pero mi depresión y ansiedad crecían. Más o menos una vez al mes, un amigo de mi grupo base me llamaba. Había llegado a conocerlo bien gracias al breve tiempo que asistí en el programa. A menudo íbamos a pescar juntos después del trabajo. Él era la persona más serena que había conocido.

"¿Cómo estás?", me preguntaba. "Bien", le mentía yo.

"Bueno, solo llamaba para saber cómo estabas". Y eso era todo. Esto siguió durante diez meses. Cuanto más tiempo pasaba, peor me sentía, hasta que finalmente llegué al límite. Estaba lo suficientemente atormentado para contar la verdad y pedir ayuda. No estaba bien; me sentía muy mal. Mi vida parecía estar haciéndose añicos a mi alrededor y no había nada que yo pudiera hacer. Él me escuchó y se interesó en mí.

Le estoy eternamente agradecido a mi amigo. Hoy creo que el hecho de que él me tendiera su mano fue lo que me salvó la vida. Con su ayuda tuve el valor (o la humildad) de volver a las reuniones.

Cuando volví a A.A., pude encontrar lo que necesitaba en el

grupo "John Wayne". Lo llamábamos así porque no nos dábamos la mano durante la oración del padrenuestro. Todos nos manteníamos separados. Nos estrechábamos la mano, pero no había ningún abrazo. Esto no es lo que todos necesitan, pero funcionó para mí en aquel momento.

Era un grupo de veteranos con poca paciencia que no estaban dispuestos a soportar mis estupideces. Un hombre con diez años en A.A. todavía se consideraba un niño en esas reuniones. Yo quería gimotear, lloriquear y quejarme, pero no me dejaron salirme con la mía. "Aquí nos concentramos en la solución, no en el problema", decían.

Después de casi dos años de lucha interna, finalmente tuve el valor (o la gracia) de pedirle a alguien que fuera mi padrino. Él era uno de los más duros entre los duros. Le dije: "Tú me asustas. ¿Serías mi padrino?". Si bien era duro, también tenía lo que parecía una fe inquebrantable en su Poder Superior. Tenía un brillo especial en la mirada. Cuando hablaba de Dios, me resultaba más fácil creer a mí también.

Él me convenció de que si quería mantenerme sobrio y tener una vida productiva, necesitaba hacer todos los Pasos, no el vals de tres (uno, dos, tres, y a un lado).

Necesitaba encontrar a alguien con quien hacer mi Quinto Paso. Entonces recordé al hombre que me había llamado tantas veces cuando yo estaba tan mal pero no podía admitirlo. Él estuvo allí cuando nadie más estaba, y dijo que para él sería un honor.

Hizo todo lo posible para que yo me sintiera cómodo, y le conté todo sobre mí. Había una última cosa que no estaba seguro de poder compartir. Era lo peor que había hecho en mi vida. Me habían advertido que los secretos nos mantienen enfermos. Lo que más quería en el mundo era que mi vida mejorase y por ese motivo me animé. Cuando se lo conté, él dijo: "Yo también hice eso". Pensar todo el tiempo que había perdido mortificándome y anestesiándome para evitar la angustia... ¡Ahora no estaba solo! Fue como si me hubiesen quitado dos toneladas de encima.

Cuando llegué a casa esa noche me sentía como si estuviera flotando en el aire. Por primera vez en mi vida podía verme como uno más entre muchos, parte de la raza humana, no aislado y separado de mis compañeros. Fue lo más cercano al tipo de experiencia espiritual fulminante de la que habla el Libro Grande. Nunca me había sentido más cerca de mi Poder Superior.

Desde entonces, he trabajado en el resto de los Pasos y he estado sobrio unas cuantas veinticuatro horas. Mi vida está bendecida más allá de mi comprensión. Estoy agradecido por la guía y el amor que los miembros de A.A. me mostraron desde la primera vez que crucé esas puertas. Intento hacer lo mismo con los recién llegados.

Los muchachos del grupo John Wayne lo dejaron claro: "Debes transmitirla para conservarla". Así que me esfuerzo especialmente en recordarles a los nuevos que hay Doce Pasos, y que es importante realizarlos todos. Por supuesto, a algunos les parece algo imposible de hacer, como lo fue para mí el Quinto Paso, pero la paz mental que espera al otro lado hace que valga la pena el esfuerzo.

JOHN L.
Seabrook, Texas

ABRAZO GRUPAL

Cuando el apadrinamiento se convierte en un esfuerzo de equipo

"Tengo dos mamás gallinas que me cuidan como si fuera su polluelo", escribe la autora de "La emboscada de la tarta de fresas". Una es su madrina oficial, y la otra, "una mujer que ha estado sobria más tiempo del que yo llevo en la Tierra". Ella escribe que este "doble revés" la ayuda a sentirse "amada y cuidada; como que este es realmente mi lugar".

En "Llamada tripartita", las integrantes de un "equipo de madrinas" se ayudan mutuamente. "En este punto, como muchos veteranos, en realidad nos amadrinamos unas a otras", explica su autora.

En estos y otros apadrinamientos o amadrinamientos grupales o de equipo que se describen en este capítulo, es como si la Hermandad de A.A. fuera el padrino. "Solicité un amigo por correspondencia de A.A. Lo que recibí, fue todo un grupo de A.A. que me escribe", dice el autor encarcelado de "El impacto de un grupo". Él cuenta que obtiene fuerza y esperanza de este apadrinamiento grupal. "El mensaje de A.A. circula en ambas direcciones, hacia y desde la prisión". Estas historias muestran cómo otras formas de apadrinamiento no convencionales pueden funcionar perfectamente para algunos miembros.

Llamada tripartita (Tomado de Dear Grapevine)
Agosto de 2008

Nuestras "segundas familias" son aquellas personas a las que llegamos a conocer profundamente en el programa. Si uno apadrina o amadrina a alguien, tarde o temprano esa persona será, a su vez, padrino o madrina de alguien más. Y pronto uno empieza a pensar en las personas como "apadrinados-nietos" o "amadrinadas-nietas". Nan agregó a Judy a su "equipo de madrinas" en algún momento a finales de la década de los setenta; Sherrie agregó a Nan a mediados de la década de los noventa. En este punto, como muchos veteranos, en realidad nos amadrinamos unas a otras.

Dado que nos mudamos de los lugares donde vivíamos inicialmente en Nueva Jersey, rara vez nos vemos en persona, pero seguimos en contacto permanente. Así que era lógico iniciar una reunión telefónica semanal juntas. ¡La llamada tripartita es un regalo de Dios de los tiempos modernos!

La reunión comienza los martes a las 6:15 a.m. en punto. Una vez realizada la conexión, contamos: "Una", "Dos", "Tres", para asegurarnos de que haya tres voces en línea. ¡Qué manera tan feliz de empezar una mañana! La estructura es bastante formal. Primero decimos la Oración de la Serenidad, y la líder de esa semana plantea un problema o tema, o pregunta quién quiere hablar primero. Cuando terminamos nuestro comentario "pasamos la posta" a la siguiente en orden alfabético. Salvo cuando no lo hacemos; alguna puede pedir permiso para hablar. Como toda reunión, esta es seria y sincera, llena de risas y, a veces, de frustración y tristeza; tal como lo es una vida sobria.

Dos de nosotras tenemos más de setenta años. Si alguna vez quedamos confinadas en casa, igualmente tendremos nuestra reunión semanal, si Dios quiere. Siempre termina a las 7:15 a.m. en punto, con la Oración de la Serenidad, que recitamos todas juntas y al hacerlo utilizamos el plural.

JUDY K., NAN D., SHERRIE T.
Cushing, Maine; Ocean Grove, Nueva Jersey; Port Murray,
Nueva Jersey

Padrino temporal (Tomado de Dear Grapevine)
Marzo de 2007

Fui "secuestrado" en diciembre de 1995. Después de mi tercera reunión de A.A., Henry R. anunció al grupo (y a mí) que iba a ser mi padrino temporal. Acto seguido, me apretujaron en el asiento trasero de un Lincoln y nos fuimos a comer pizza.

Yo escuchaba las carcajadas de Jack, Henry, Petey, Ruby y otros que se nos unieron en la pizzería. Me parecían demasiado felices. Me fijé si usaban cinturones y zapatos con cordones (yo acababa de salir del manicomio y sabía que solo los de fuera usaban cinturones y zapatos acordonados). Pero estos hombres tenían ambas cosas, así como el tipo de vida que yo deseaba.

Me preocupaba tener que pagar mi única comida de ese día. Pero por suerte, y para el placer de mi billetera vacía, pagó Henry. Dijo que para él era un placer.

Quizá hubiera logrado la sobriedad sin un padrino temporal; no quiero pensar en la alternativa. Quizá algunos no cuenten como válidos a los padrinos temporales, pero quizás hoy yo no estaría vivo de no haber sido por su ayuda.

R.W.G.

El impacto de un grupo (Tomado de Dear Grapevine)
Mayo de 2009

En mi primera reunión aquí en prisión, supe que estaba en casa. Tras unas pocas semanas, le pedí a uno de nuestros A.A. del exterior de la prisión que me apadrinara y me ayudara a empezar con el Cuarto Paso. Eso fue hace dieciocho meses, y mi vida ahora es mucho mejor. Pero ese no es el punto de esta carta.

Quería contarles a todos sobre el impacto que tiene en mi recuperación un grupo de A.A. que está a más de doscientas millas de distancia. A través del Comité de Correccionales del Área veinticinco, solicité un amigo por correspondencia de A.A. Lo que recibí, fue todo un grupo de A.A. que me escribe. Hacen circular un cuaderno en las reuniones y, quienes lo desean, apuntan sus pensamientos. Es otra reunión impresa para mí, en un lugar donde las reuniones de A.A. son demasiado escasas.

Quisiera alentar a los comités de correccionales de todas las regiones a considerar esta idea de los grupos de A.A. Esto amplía el volumen de correspondencia a un nivel manejable, y permite que el mensaje de A.A. circule en ambas direcciones, hacia y desde la prisión.

Muchas gracias por Grapevine. La inversión que hice al suscribirme me aporta beneficios diarios en mi recuperación. El pago de un mes en prisión por un año de reuniones impresas. Es un precio increíble.

TIM L.
Ellsworth, Kansas

El árbol de amadrinamiento (Tomado de Time For One More)
Noviembre de 2004

Hoy fui a una fiesta en honor a Bobba, mi tátara tátaramadrina (o madrina de cuarta generación), con todas las personas que ella ha amadrinado, así como aquellas a quienes sus amadrinadas han amadrinado. En la entrada de la casa colgaba un dibujo de un gran árbol, con el nombre de Bobba en el tronco. De ese tronco salían tres ramas principales, representando a sus amadrinadas. De estas ramas se desprendían a su vez muchas ramas desnudas, y también ramas más pequeñas. Al llegar, cada invitado (hombre o mujer) escribía en un papel verde con forma de hoja su nombre y la fecha en que logró la sobriedad. Al final, cuando ya todos habían colocado sus nombres, había más de setenta hojas en el árbol. Y todo como resultado de una persona que había transmitido el mensaje a otras.

ANDY T.

La emboscada de la tarta de fresas
Mayo de 2010

Llevo sobria menos de dos años, y tengo dos mamás gallinas que me cuidan como si fuera su polluelo. Una es mi madrina; la otra es una mujer que ha estado sobria más tiempo del que yo llevo en la Tierra.

Anoche me invitaron a comer una tarta de fresas. Pronto me di cuenta de que esta visita no tenía nada que ver con la tarta. Cada una compartió su experiencia sobre el alcohol y cuán ingenioso, desconcertante y poderoso es si uno no está en guardia.

Una de ellas contó que había estado catorce meses sobria cuando fue a la tienda a comprar pan y cereales. Terminó con un paquete de seis cervezas, que se tomó incluso antes de poder pensar en lo que estaba haciendo. Llamó a su esposo para contarle lo que había hecho y le preguntó: "¿Vas a dejarme por haber hecho esto?". Su esposo le respondió: "Depende de lo que hagas de aquí en adelante". Entonces ella ingresó a un centro de tratamiento, y ha estado en Alcohólicos Anónimos y sobria desde aquel momento.

También me contaron que hay momentos claves en la sobriedad, en que las personas pueden darla por sentado y olvidarse de su Poder Superior. Van a menos reuniones y, antes de que se den cuenta, ya están bebiendo otra vez.

Esto era algo difícil de comprender para mí, ya que cada vez que veo una botella de licor o paso por una tienda de licores, aún pienso en mi alcoholismo y en mi sobriedad. Me dijeron que la recaída puede suceder y sucede. Me dieron muchos ejemplos de veces en que le sucedió a otras personas, algunas de las cuales nunca regresaron a A.A.

Su punto era resaltar lo importante que es ir a las reuniones regularmente y tratar de crear una póliza de seguro para que esto no sucediera.

Todo estaba dirigido a mí, ya que mis dos mamás gallinas notaban que últimamente la vida me exasperaba, y que no cumplía con mi programa de reuniones. Antes de irme, y después de comer la tarta de fresas, la gallina número uno me dijo: "Estoy orgullosa de ti, y espero tener noticias tuyas cada mañana", y la número dos: "Creo que necesitas tres reuniones por semana. Llámame cuando salgas de una reunión".

Hoy me desperté radiante y temprano, y terminé yendo a dos reuniones. Fui a mi grupo base y había una mujer que volvía después de una recaída. A medida que el tema fue circulando por la sala, derivó en esa póliza de seguro y cómo evitar que eso sucediera. Esa mujer tenía a su mamá gallina, es decir, a su madrina, sentada a su lado, apoyándola amorosamente. Las personas hablaban de todas las cosas difíciles que habían atravesado sin necesidad de volver a beber, porque habían puesto su sobriedad en primer lugar. Estaban maravilladas de haber podido vivir todo eso sin beber. Se sentían agradecidas por tener a todo un grupo apoyándolas.

Cuando llegó mi turno de compartir, conté mi experiencia de la noche anterior, a la que llamé la emboscada de la tarta de fresas. Les dije que como siempre Dios me habla a través de otros, y que me estaba dando un doble revés al repetirme este mensaje dos veces. También dije que tener a personas en mi vida a las que les importo tanto que me sostienen antes de caer y me traen de vuelta al camino, me hace sentir amada y cuidada; como que este es realmente mi lugar.

Al salir de la reunión, llamé enseguida a mis dos mamás gallinas. La segunda me preguntó sobre qué fue la reunión. Le conté, se rió y dijo: "Dios nos habla, ¡y nosotras escuchamos lo que tenemos que escuchar!". Le pregunté cómo se sentía tener siempre la razón, y con su acento sureño me contestó: "¡Diablos, no sé; toda mi vida he tenido la razón!". Y soltó otra gran carcajada.

Fui a la reunión de la tarde y vi algunas personas de la mañana. Bromeaban acerca de que yo apareciera en dos reuniones en un mismo día después de que me "sermonearan". Me reí. Una de ellas dijo, refiriéndose a mi emboscada de la tarta de fresas: "¡Vaya, parece que esa tarta estuvo buena!".

"Sí", le dije, "estuvo buena, y lo que recibí junto con la tarta, ¡fue aún mejor!"

MARY S.
Overland Park, Kansas

Tres años y sigo contando (Tomado de Dear Grapevine)
Febrero de 2009

Esta es una historia típica de alcohólicos que trabajan con otros alcohólicos. El nueve de octubre de 2008 cumplí tres años de sobriedad. Mi padrino me entregó una moneda por los tres años, que se había entregado por primera vez en Nueva York y se había ido pasando de uno a otro, siendo yo el vigésimo sexto en recibirla. Los alcohólicos en recuperación de los números uno al dieciséis, del área de Nueva York, recibieron esta moneda en su tercer año de sobriedad continua. Vamos registrando el recorrido de esta moneda a medida que pasa de un miembro de A.A. al siguiente. Y continúa: n.º 17 Geraldo, n.º 18 George, n.º 19 Mike, n.º 20 Jimmy, n.º 21 John, n.º 22 George K., n.º 23 Ross H., n.º 24 Brian C., n.º 25 Matthew Mc., y n.º 26 Steve C. Somos un ejemplo de unidad en A.A. entre amigos que comparten la enfermedad del alcoholismo y trabajan con el programa, con una mejoría diaria.

STEVE C.
Saint John, Indiana

Padrinos provisionales

Septiembre de 1982

En una reunión de conciencia de grupo, la charla en las mesas versaba sobre diversos temas, pero siempre parecía volver sobre dos asuntos muy apremiantes que preocupaban a mi grupo base desde hacía un tiempo. El primero era cómo hacer que los recién llegados volvieran. En nuestras reuniones siempre había caras nuevas pero, a pesar de nuestros esfuerzos, la mayoría no cumplían con el programa. Generalmente, asistían a tres o cuatro reuniones seguidas, después bajaban a dos por mes, y al final desaparecían. No nos hubiera preocupado si el motivo fuera que simplemente preferían asistir a otras reuniones, en otros horarios, pero al hacer un seguimiento informal del asunto, llegamos a la conclusión de que muchos de los que más necesitaban ayuda, abandonaban A.A. por completo.

En este punto, un miembro que llevaba mucho tiempo en el grupo, hizo una pregunta que dio en el blanco del problema: "¿Cuántos de esos recién llegados tenían padrinos?". Nunca he visto un grupo de alcohólicos más sonrojados que los que estábamos allí esa noche. Ninguno de los que se habían ido habían logrado conseguir un padrino; un hecho que nos llevó directo al segundo problema.

El apadrinamiento en nuestro grupo lo venía manejando solo un puñado de miembros veteranos que llevaban un largo tiempo de éxito en el programa. Dado que hacían todo el trabajo ellos solos, estaban apadrinando a tantas personas que no podían encargarse de alguien más y hacerlo a conciencia. Otros de nosotros, aunque nos iba bien en el programa, estábamos un poco en duda acerca de asumir, en una etapa tan temprana de nuestra recuperación, otra responsabilidad más: la de apadrinar a alguien. El grupo como tal estaba haciendo lo mejor que podía en aquellas circunstancias, pero ciertamente no servía como sustituto de "una persona que comprende perfectamente a otra y se interesa por ella". Todos recordábamos muy bien la sensación durante esas primeras reuniones, cuando todavía no habíamos empezado a trabajar en los Pasos, y un borrachín comenzó a hablar y con sus palabras dejó nuestra autoestima por el piso. ¡No era de extrañarse que a los recién llegados les costara volver!

La pregunta era: ¿Qué íbamos a hacer acerca de la situación? Nuestro Poder Superior debe haber inspirado a otros dos veteranos, dado que a los dos se les ocurrió simultáneamente la misma solución: el apadrinamiento temporal. La idea consistía en que cuando los recién llegados vinieran a las reuniones, simplemente se les asignaran padrinos temporales durante sus primeros sesenta días en A.A. Las asignaciones se harían por orden cronológico, utilizando una lista de voluntarios recopilada en las reuniones de conciencia de grupo. Nada impediría que los recién llegados se buscasen nuevos padrinos antes de que pasaran los sesenta días, ni que continuaran en forma más o menos permanente con sus padrinos asignados después del período inicial (si es que ambos estaban de acuerdo).

Cuando empezó a usarse de esta manera, el apadrinamiento temporal funcionó de maravillas en nuestro grupo, y es aplicable a otros que tengan el mismo problema para que se queden los recién llegados. Quienes quieran plantearlo en una reunión de conciencia de grupo, quizá deseen mencionar las ventajas que descubrimos al usarlo. Primero, y lo más evidente, le proporciona al recién llegado un tan necesario padrino, desde el primer día (generalmente, alguien que ya ha pasado las primeras etapas de la recuperación y de veras comprende los problemas del recién llegado). Segundo, pone énfasis, de manera concreta, en la importancia del apadrinamiento para alcanzar y mantener la sobriedad. Tercero, proporciona un período de orientación limitado y definido para quienes desean probar la tarea de apadrinamiento, pero dudan acerca de comprometerse indefinidamente con algo que nunca han hecho antes. Cuarto, aligera la carga de los veteranos, a la vez que les brinda un modo de compartir su experiencia en el apadrinamiento: sirviendo como asesores de los nuevos padrinos.

Para mí, sin embargo, el beneficio más grande y duradero del apadrinamiento temporal, es que nos ayuda a muchos a distraernos de nuestros problemas y tender una mano amiga a otros. Y además, nos permite hacerlo en una etapa mucho más temprana de nuestra recuperación de lo que preveíamos. Una oportunidad así, no puede sino acelerar nuestro propio crecimiento.

W. H.
Edwardsville, Illinois

LOS DOCE PASOS

1. Admitimos que éramos impotentes ante el alcohol, que nuestras vidas se habían vuelto ingobernables.

2. Llegamos a creer que un Poder Superior a nosotros mismos podría devolvernos el sano juicio.

3. Decidimos poner nuestras voluntades y nuestras vidas al cuidado de Dios, como nosotros lo concebimos.

4. Sin miedo hicimos un minucioso inventario moral de nosotros mismos.

5. Admitimos ante Dios, ante nosotros mismos, y ante otro ser humano, la naturaleza exacta de nuestros defectos.

6. Estuvimos enteramente dispuestos a dejar que Dios nos liberase de nuestros defectos.

7. Humildemente le pedimos que nos liberase de nuestros defectos.

8. Hicimos una lista de todas aquellas personas a quienes habíamos ofendido y estuvimos dispuestos a reparar el daño que les causamos.

9. Reparamos directamente a cuantos nos fue posible el daño causado, excepto cuando el hacerlo implicaba perjuicio para ellos o para otros.

10. Continuamos haciendo nuestro inventario personal y cuando nos equivocábamos lo admitíamos inmediatamente.

11. Buscamos a través de la oración y la meditación mejorar nuestro contacto consciente con Dios, como nosotros lo concebimos, pidiéndole solamente que nos dejase conocer su voluntad para con nosotros y nos diese la fortaleza para cumplirla.

12. Habiendo obtenido un despertar espiritual como resultado de estos pasos, tratamos de llevar el mensaje a los alcohólicos y de practicar estos principios en todos nuestros asuntos.

LAS DOCE TRADICIONES

1. Nuestro bienestar común debe tener la preferencia; la recuperación personal depende de la unidad de A.A.

2. Para el propósito de nuestro grupo solo existe una autoridad fundamental: un Dios amoroso, tal como se exprese en la conciencia de nuestro grupo. Nuestros líderes no son más que servidores de confianza; no gobiernan.

3. El único requisito para ser miembro de A.A. es querer dejar de beber.

4. Cada grupo debe ser autónomo, excepto en asuntos que afecten a otros grupos de A.A. o a A.A., considerado como un todo.

5. Cada grupo tiene un solo objetivo primordial: llevar el mensaje al alcohólico que aún está sufriendo.

6. Un grupo de A.A. nunca debe respaldar, financiar ni prestar el nombre de A.A. a ninguna entidad allegada o empresa ajena, para evitar que los problemas de dinero, propiedad y prestigio se desvíen de nuestro objetivo primordial.

7. Cada grupo de A.A. debe mantenerse completamente a sí mismo, negándose a recibir contribuciones de afuera.

8. A.A. nunca tendrá carácter profesional, pero nuestros centros de servicio pueden emplear trabajadores especiales.

9. A.A. como tal nunca debe ser organizada; pero podemos crear juntas o comités de servicio que sean directamente responsables ante aquellos a quienes sirven.

10. A.A. no tiene opinión acerca de asuntos ajenos a sus actividades; por consiguiente su nombre nunca debe mezclarse en polémicas públicas.

11. Nuestra política de relaciones públicas se basa más bien en la atracción que en la promoción; necesitamos mantener siempre nuestro anonimato personal ante la prensa, la radio y el cine.

12. El anonimato es la base espiritual de todas nuestras Tradiciones, recordándonos siempre anteponer los principios a las personalidades.

LA VIÑA Y GRAPEVINE

Grapevine es la revista mensual internacional de AA que se ha publicado continuamente desde su primer número en junio de 1944. El panfleto de AA sobre Grapevine describe su alcance y su finalidad de la siguiente manera: "Como parte integrante de Alcohólicos Anónimos desde 1944, la revista Grapevine publica artículos que reflejan la amplia diversidad de la experiencia e ideas que hay dentro de la Comunidad de AA, y así también lo hace La Viña, la revista bimensual en español, publicada por primera vez en 1996. En sus páginas, no hay punto de vista o filosofía dominante, y, al seleccionar el contenido, la redacción se basa en los principios de las Doce Tradiciones".

Además de revistas, AA Grapevine, Inc., produce una applicacion, libros, libros electrónicos, audiolibros y otros artículos. También ofrece una suscripción a Grapevine Online (en inglés)que incluye: entre ocho y diez historias nuevas cada mes, AudioGrapevine (la versión en audio de la revista), el archivo de historias de Grapevine (la colección completa de artículos de Grapevine), así como una edición de Grapevine y La Viña en formato HTML. Si desea obtener más información sobre Grapevine y La Viña, o suscribirse a alguna de las opciones mencionadas, visite las páginas web de las revistas en aagrapevine.org/español o aagrapevine.org o escriba a:

AA Grapevine, Inc.
475 Riverside Drive
New York, NY 10115
USA

ALCOHÓLICOS ANÓNIMOS

El programa de recuperación de AA se basa por completo en este texto básico, *Alcohólicos Anónimos* (también conocido comúnmente como el Libro Grande), ahora en su cuarta edición, así como en libros *Los Doce Pasos y Doce Tradiciones* y *Viviendo sobrio*, entre otros. También es posible encontrar información sobre AA en la página web de AA en aa.org, o escribiendo a
Alcoholics Anonymous
Box 459, Grand Central Station
New York, NY 10163, USA
Si desea encontrar recursos en su localidad, consulte la guía telefónica local bajo "Alcohólicos Anónimos". También puede obtener a través de AA los cuatro panfletos siguientes "Esto es AA", "¿Es AA para usted?", "44 preguntas" y "Un principiante pregunta".